被疑者弁護マニュアル

弁護士 **井上 侑** ［著］

日本法令

はしがき

　近年、弁護士人口の増加や情報化社会の影響もあり、一般人が弁護士にアクセスしやすくなりました。その結果、被疑者の逮捕前に弁護士が依頼を受け、弁護活動をする機会が増えました。

　平成28年に改正刑事訴訟法が施行され、被疑者国選弁護人が選任される事件の対象が勾留状が発付されたすべての被疑者に拡大された結果、捜査機関が弁護人の選任されていない逮捕段階での取調べに注力するようになり、その影響で、逮捕段階の弁護活動の出来不出来が後々の終局処分に多大な影響を及ぼすケースが見られるようになりました。

　さらに、平成21年に裁判員裁判が導入されたことと時を同じくして勾留判断が慎重になされるケースが目立つようになり、弁護人が逮捕段階から不必要な身体拘束を回避するための弁護活動をするべき事案が増えました。

　このように、被疑者段階の弁護活動を取り巻く状況が大きく変容しており、特に逮捕前・逮捕直後の弁護活動が極めて重要になってきています。しかしながら、こうした逮捕前の弁護活動、逮捕段階の弁護活動、勾留回避に向けた弁護活動に紙幅をとった書籍はあまり見られないのが実情です。

　そこで、今般、こうした近年の状況に対応した「今、求められている」刑事弁護活動のために意識すべきポイントをまとめ、幅広い実務家の方々に生かしていただくことを目指して本書を執筆いたしました。

　第1章では総論として、被疑者段階の刑事弁護活動の現状を分析し、逮捕前、勾留決定前、勾留決定後において弁護人に求められている事柄を記載しました。

それを踏まえ、実際の事件の流れに沿って、逮捕前の弁護活動（第2章）、勾留決定回避に向けた弁護活動（第3章）、身体拘束からの早期解放に向けた活動（第4章）、不起訴、公判に向けた活動（第5章）について解説しました。

　また、第6章では接見に関する説明を扱います。

　本書は実務にすぐに生かしていただくことを目標にしておりますから、各章において、事件や被疑者の類型ごとに具体的に説明することを心がけております。

　さらに、第7章では関連判例・書式集として、関連する裁判例をご紹介しているほか、手続き上必要となる文書のテンプレートを多数収録しております。必要に応じてご活用いただければと思います。

　多くの経験や現状を踏まえたものとはいえ、実務では常に個々の事件ごとに状況が変わってきますから、本書ではあらゆる場面を網羅できているわけでないことにはご留意ください。適宜本書の内容を応用しながら、目の前の事案に合わせてマニュアルとして参考にしていただければ幸甚です。

令和2年9月
井上　侑

CONTENTS

第3章　身体拘束からの早期解放に向けた勾留質問日までの弁護活動（勾留決定回避に向けた弁護活動）

第6章　接　見

第7章　関連判例・書式集

第1章

被疑者段階の
弁護活動の現在

1　逮捕前の弁護活動の重要性

　昨今、薬物事犯などで、職務質問や任意同行に問題があり、その後採取された尿の鑑定書に証拠能力がないとして無罪を争う事例が増えています[1]。

　違法に収集された証拠物の証拠能力については、令状主義の精神を没却するような重大な違法があり、これを証拠として許容することが、将来における違法な捜査の抑制の見地からして相当でないと認められる場合においては、その認拠能力は否定されることとされています[2]。

　しかし、鑑定書の証拠能力が否定され無罪と認められる事例は少なく、多くが職務質問や任意捜査を適法[3]としたり、違法とは認めつつも鑑定書の証拠能力は否定されず有罪と判断[4]されたりしてい

1　捜査が違法のため鑑定書などの証拠能力が否定され被告人が無罪とされた裁判例として、浦和地裁平成4年2月5日判決（判例時報1418号13頁）、仙台高裁平成6年7月21日判決（判例時報1520号145頁）、静岡地裁浜松支部平成28年9月5日判決、東京高裁平成28年6月24日判決等が挙げられます。

2　最高裁第一小法廷昭和53年9月7日判決（第7章172ページに要旨を掲載）、最高裁第二小法廷平成15年2月14日判決（第7章173ページに要旨を掲載）参照

3　捜査が適法とされた直近の裁判例として、東京高裁平成27年4月30日判決（高等裁判所刑事裁判速報集平成27年101頁）、捜査は違法とされたものの証拠能力までは否定されないとされた裁判例として、千葉地裁平成29年9月22日判決（判例時報2393・2394合併号68頁）、仙台地裁平成28年5月19日判決などがあります。

4　例えば、京都地裁平成30年1月18日判決、千葉地裁平成29年9月22日判決、大阪地裁平成29年9月6日判決など参照

るのが現状です。任意捜査が適法とされてしまう事案や、任意捜査が違法とは認めつつも鑑定書の証拠能力が否定されず有罪となる事案の多くでは、真実は違法な捜査がなされているとしても、被疑者（被告人）の供述を裏付ける客観的証拠がなく、被疑者（被告人）の供述の信用性が否定される一方、捜査官の供述が信用できるなどと認定されてしまう実情があります。こうした事態を防ぐために、逮捕前の弁護活動の重要性が高まっています。

　本書第 2 章では、逮捕段階の弁護活動の仕方について取り上げていきます。

2　勾留実務の状況

(1)　以前の勾留実務の状況

　昭和 50 年代から平成 18 年まで、全国の裁判所における勾留請求却下率は 1％以下でした[5]。つまり、検察官から勾留請求がされれば、裁判所が勾留を認め、ほぼ 10 日間（延長されれば 20 日間）被疑者が勾留されるのが当たり前でした。

　そのこともあり、また、勾留回避に向けた活動をしたとしても無駄骨に終わってしまうため、弁護人は身体拘束からの早期解放に向けた弁護活動にあまり熱心ではなく、被疑者が 10 日間（勾留延長された場合には 20 日間）勾留されることを前提として弁護活動を組み立てることが一般的でした。

5　「司法統計年報 2　刑事編」（昭和 58 年版〜平成 18 年版）参照

※ 裁判官の「勾留」に対する意識

　これまで著者が弁護活動をする中で、第1回公判の際、裁判官が被告人に対して「長期間勾留され、反省する機会があったはずだが、どのようなことを考えていたか？」と質問するのを見聞きすることがありました。

　また、保釈面接の際、裁判官が弁護人に対して「検察官が保釈に反対していることもありますので、保釈は許可できない。」と言うこともありました。

　大変残念なことに、我が国の裁判官の中には、勾留を「反省させるための手段」と考えたり、また「検察官が反対しているから保釈は許可しない。」と考えたりしている方がいるのが実情でした。

(2)　現在の勾留判断と刑事弁護活動の状況

■図表1-1　勾留請求却下人員数と却下率の推移

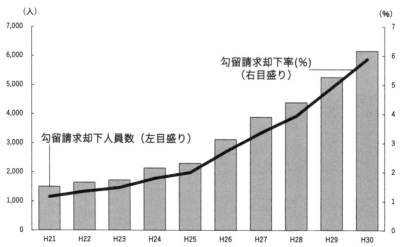

※「司法統計年報2　刑事編」（平成21年度〜平成30年度）より筆者作成

■図表 1-2　過去 10 年の勾留請求人員数、勾留請求許可人員数、勾留請
　　　　　 求却下人員数及び認容率、却下率

年度	勾留請求人員数	勾留請求許可人員数	勾留請求却下人員数	認容率	却下率
H21	129,327	127,792	1,504	98.81%	1.16%
H22	123,290	121,634	1,648	98.66%	1.34%
H23	117,866	116,102	1,727	98.50%	1.47%
H24	119,785	117,631	2,141	98.20%	1.79%
H25	115,799	113,483	2,308	98.00%	1.99%
H26	115,344	112,204	3,127	97.28%	2.71%
H27	115,898	111,988	3,891	96.63%	3.36%
H28	111,392	106,995	4,394	96.05%	3.94%
H29	107,268	101,993	5,268	95.08%	4.91%
H30	104,721	98,544	6,169	94.10%	5.89%

※「司法統計年報 2　刑事編」（平成 21 年度〜平成 30 年度）より筆者作成

　平成 17 年に 0.47％だった勾留請求却下率は平成 19 年に 1％を上
回り、平成 30 年には 5.89％まで上昇しました。過去 10 数年で約 5
倍になった計算になります（図表 1-1、1-2）。

　また、起訴後の保釈許可件数・保釈許可率もここ数年大幅に上昇
しています（図表 1-3）。

■図表 1-3　保釈許可件数・保釈許可率の推移

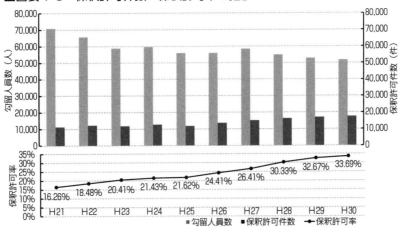

※「司法統計年報 2　刑事編」（平成 21 年度〜平成 30 年度）

　これらの変化は、平成21年に裁判員制度の運用が開始されたことを1つのきっかけとして、裁判官らの間で理由のない長期拘束を慎重に判断する動きが広がったことが影響しているものと考えられます。

　さらに、最高裁決定（平成26年11月17日第一小法廷決定）[6]（以下、「平成26年決定」という）の影響も考えられます。

　平成26年決定は、刑事訴訟法60条1項2号の「罪証を隠滅すると疑うに足りる相当な理由」の有無について「罪証隠滅の現実的可能性の程度」を考慮して決する旨を判示しました。

　つまり、同決定は、単に抽象的に罪証隠滅の可能性がある場合の刑事訴訟法60条1項2号該当性を否定したのです。

　この決定をきっかけとして、勾留の必要性を慎重に考慮して、勾留請求を却下する事例や弁護側の勾留決定に対する準抗告を認容する事例が増えるようになりました[7]。

　これらの勾留判断の変容に伴い、弁護人も被疑者の身体拘束からの解放に向けた刑事弁護活動を行うことが当たり前になってきました。

6　平成26年決定は、「被疑者は、前科前歴がない会社員であり、原決定によっても逃亡のおそれが否定されていることなどに照らせば、本件において勾留の必要性の判断を左右する要素は、罪証隠滅の現実的可能性の程度と考えられ」ると判示しました。事案の詳細については、第7章174ページを参照してください。

7　埼玉県弁護士会をはじめとして各単位会において全件準抗告運動がなされたことや、日本弁護士連合会主催の第14回国選シンポジウムにおいて勾留を回避する弁護活動の重要性が取り上げられたことなど契機として、ここ数年、勾留回避に向けた弁護活動が広く行われるようになってきました。その成果もあり、全国的に勾留請求却下率が上昇しています。

3 黙秘権を行使しない事案において、勾留決定を回避できる可能性を検討すべきことが弁護人のスタンダードとなっていること

(1) 弁護人が何もしなければ、不必要な勾留を回避することができない！

　勾留判断が以前と比べて慎重になされるようになり、かつ、真実、罪証を隠滅すると疑うに足りる相当な理由や逃亡すると疑うに足りる相当な理由を解消する事情があったとしても、弁護人が何もせず、そうした事情を明らかにする証拠が提出されなければ、裁判官の立場としては、勾留請求を却下することはできません。

　弁護人としては、黙秘権を行使すべきではない事案の場合には、罪証を隠滅すると疑うに足りる相当な理由や逃亡すると疑うに足りる相当な理由を解消する事情を裁判官（勾留請求の段階では検察官）に積極的に主張し、本来勾留されないで済む被疑者の身体拘束を早期に解くことに尽力する必要があります。

　つまり、勾留決定を回避するためには、弁護人が早期に被疑者と接見し、①住所・居所の有無（刑事訴訟法60条1項1号）、②罪証隠滅の現実的可能性がないこと（刑事訴訟法60条1項2号）、③逃亡の現実的可能性がないこと[8]、④勾留により被疑者に生じる不利益が大きく、被疑者を勾留して捜査を遂げなければならないほどの必要性がないこと、この4点に関係する事実関係を確認し、それぞ

れの点について被疑者を勾留することを正当化する事情がないことを積極的に裁判所に主張することが必要となります[9]。

(2)　不必要な勾留を回避することのメリット

　不必要な勾留を回避することにより、以下に挙げるように、被疑者にも弁護人にも様々なメリットがあります。弁護人は不必要な勾留を回避することに尽力する必要があります。

①　不必要な精神的・身体的苦痛を防ぎ、虚偽の自白を防ぐことにつながる

　被疑者勾留は、被疑者を厳しい制約、監督がある過酷な環境に置き、被疑者に著しい精神的・身体的苦痛を与えるものです。さらに、否認事件にあたっては、保釈もなかなか認められず、長期の身体拘束が続くことが多いため、被疑者（のちに被告人）自身が人質にとられて、無実の罪について自白が強要されることも少なくありません。

　そこで、弁護人としては、不必要な勾留を回避し、被疑者を過酷な環境から解放し、虚偽の自白の防ぐ必要があります。

8　前述の平成26年決定は、「逃亡すると疑うに足りる相当な理由」の要件について触れていませんが、同要件について、近時、逃亡の現実的可能性を踏まえて判断をした裁判例や、現実的可能性という表現は用いていないものの、逃亡すると疑うに足りる相当な理由について慎重に判断していると思われる裁判例が多数散見されます（刑事訴訟法60条1項3号）。そのため、勾留回避に向けた意見書を作成する際にも、被疑者に逃亡の現実的可能性がないことも意識して主張する必要があるでしょう。

9　罪証隠滅の現実的可能性がないこと、逃亡の現実的可能性がないことを主張するにあたっては、当該事案の証拠構造などから導かれる客観的可能性と、被疑者の弁解、主張などから導かれる主観的可能性をそれぞれ丁寧に述べることにより、より説得的に裁判官に主張を伝えることができます。

②　被疑者の仕事や学業への影響を防ぎ、生活環境の崩壊を防ぐことにつながる

　勾留は、本来、被疑者に対する刑事処分ではありません。しかし、被疑者が勾留されると、事実上、様々な社会的制裁や不利益が生じます。

　例えば、被疑者が勾留されると、就業先に出勤することができず、被疑者の収入の減少に直結します。また、欠勤日数が増えれば職を失うリスクが増すことになります。

　他方、被疑者が少年の場合であっても、就学日数が足りなくなり、通学している学校から留年や退学の処分を受ける可能性があります。

　さらに、「逮捕された」という事実のみによって、就業先・就学先から不必要な懲戒処分・不利益処分を受けることもありえます。このようなリスクは、被疑者の家族の生活にも影響し、被疑者の生活環境の崩壊にもつながりうるものです。

　弁護人としては、被疑者にこのようなリスクが生じる可能性があることを念頭に置き、早期に不必要な勾留から被疑者を解放する必要があります。

③　接見にかかる時間的金銭的コストが抑えられ、かつ、弁護人の活動に幅が生じる

　身体拘束されている被疑者と弁護人が打ち合わせをするためには、弁護人が留置施設に赴き、接見室内で接見をするしか方法がありません。そのため、弁護人は、毎度接見室に赴くコストをかけなければなりません。しかし、被疑者が身体拘束から解放されれば、弁護人は接見室に赴く時間的金銭的コストを削減することができます。

　次に、被疑者が身体拘束をされていると、一定の制約の下でしか刑事弁護活動を行うことができません。例えば、実況見分や検証実

験などを被疑者立会いのもと、弁護側で行うことは不可能です。さらに、被疑者と弁護人との文書のやりとりをする場合には、留置施設職員に検閲されることを恐れ、書きたいことを書けないこともあります[10]。

　そもそも、留置施設職員の接見交通権に対する無理解の影響からか、いまだに接見妨害行為が後を絶ちません（「接見交通権マニュアル第20版」参照）。

　不必要な勾留を回避することができれば、こうした不都合を解消することができ、かつ、弁護人も充実した弁護活動をすることができるようになります。

10　被疑者が身体拘束をされていると、被疑者は留置施設内で自由にノートを使用することはできず、当然パソコン機器も使えません。また、被疑者は留置施設内では証拠を見ることすら制限されますので、陳述書を作成するのにも限界があります。このように、被疑者の陳述書を作成するのにも手間がかかります。

4　身体拘束からの早期解放をすべきか黙秘をすべきかの判断の重要性

　身体拘束からの早期解放に向けた弁護活動をすべき必要性が高まっている一方、一定の事件では、安易に身体拘束からの解放の活動をするのではなく、黙秘権を行使し、被疑者の不起訴、無罪を目指す弁護活動をすることが被疑者にとっての最良の弁護活動になります[11,12]。

　被疑者の利益を考慮すれば、優先順位としては、まず不起訴や無罪、不当な捜査から被疑者を守るために黙秘権を行使することを検討すべきです。黙秘権を行使すべきではない事案で、かつ、一定の事案の場合に身体拘束からの早期解放を目指すことになります。

　黙秘をすべきか、身体拘束からの早期解放を目指す弁護活動をすべきか、初回接見の際にある程度の見極めが必要となります。初回の接見のみでいずれかの判断をすることが難しい場合もあります。その場合には、逮捕から勾留決定後の準抗告期限まで最大7日間の

11　被疑者の詳細な供述がなされている場合や自白している場合には、捜査が進展している結果罪証隠滅のおそれが小さくなる一方、被疑者が黙秘・否認している場合には、自白をしている場合と比べて捜査が進展していないため、罪証隠滅の余地が小さくならず、相対的に罪証隠滅のおそれが認定されやすくなる実態があります。

12　「被疑者が自己の犯罪事実について、終始黙秘または供述を拒否する態度を示したときは、その供述態度等が、他の証拠と相俟って、ときに罪証隠滅の存否を決する上での判断資料となりうる場合のあることは免れ難い」とする裁判例があります（京都地裁昭和47年8月17日決定判時688号105頁、第7章177ページに要旨を掲載）。黙秘した場合には、そのことが罪証隠滅のおそれの有無の判断に影響する可能性があることは否定できません。

猶予がありますので、その間ひとまず黙秘を継続し、事案の見極めをすることも検討すべきでしょう[13]。

(1)　黙秘権とは

　黙秘権とは、自己に不利益な供述を強要されない権利のことをいい、憲法上保障された重要な人権です[14]。取調べを受けた際、質問に対してすべて黙秘することもできますし、答えたい質問にだけ答えて、答えたくない質問に答えないということもできます。黙秘権は、捜査機関の不当な取調べから被疑者を守るための重要な手段です。

(2)　黙秘権を行使すべき場合について

　黙秘権を行使することは全く問題視されるべき事柄ではありません。しかし、黙秘権を行使することにより、事実上の不利益を受けることがあることもまた事実です。そのため、黙秘権を行使すべき事案か否か、事案の内容、想定される処分内容、など様々な要素を考慮し決定する必要があります。ここでは黙秘権を行使すべき場合を挙げます。

13　初回接見が逮捕から間近のタイミングであれば、勾留質問日まで１日ないし２日の猶予があります。初回接見の際に黙秘をするか身体拘束からの早期解放に向けた活動をするかの判断ができない場合には、方針決定までの間はひとまず黙秘をし、勾留質問日までの間に方針決定することも考えられます。このようにしておけば、仮に勾留質問までに黙秘を解除する方針となった場合には、勾留質問調書に被疑事実を認める旨を記載してもらえれば、身体拘束からの早期解放に向けた活動に支障は生じません。
14　憲法 38 条、刑事訴訟法 198 条参照

①　一定の否認事件

　否認事件の場合、捜査機関が被疑者の説明に納得し、その説明のとおりに調書を作成することはめったにありません。捜査機関側は、ときには被疑者の意に反し、捜査機関が見立てたストーリーに従って調書を作成しようとします。被疑者は、1人で資料を見ることすらできず、1人で捜査の経験に長けた捜査官と対峙しなければならないのです。捜査官の意図に気づかず、捜査官が作文した調書に安易に署名してしまうと、ときに意に反した調書が作成されてしまうことがあります。

　また、被疑者にとっては、何も資料を見ることができない状況で取調べを受けていると、記憶違いなどで事実と反する供述をしてしまう可能性があります。記憶違いの状況のまま供述調書が作成されてしまうと、後に公判の際に、その調書の記載内容の信用性を争うことは非常に困難であり、不利な証拠として取り扱われてしまいます。

　このような事態を防ぐため、否認事件では基本的に黙秘権を行使することを検討すべきといえます。黙秘権は行使せず、調書への署名・指印を拒否するという方法も考えられますが、取調べが録音録画されている場合は、供述調書に署名をしなくとも、録音録画データ自体が証拠となってしまい黙秘権を放棄したのと同じ結果になってしまう可能性が残ります。

　仮に録音録画されていなかったとしても、取調べに応じて話した事柄を踏まえて捜査が進展し、被疑者に不利益な捜査がなされる可能性があります。このように、調書への署名・指印を拒否する方法は、黙秘権を行使する方法と比べると、必ずしも効果的ではない場合があるといわざるをえません。

　本書第3章6で後述するように、否認の態様により、身体拘束からの早期解放を目指すことができる事案があります。否認していたとしても、不起訴処分を目指すことができる場合や軽微な犯罪の場

合で、かつ、証拠構造や否認の態様（例えば、故意のみ否認している場合）からして罪証隠滅のおそれがない場合には、身体拘束からの早期解放を獲得することができ、かつ、後々の弁護活動に支障を与えないケースがあります。

②　重大事件、起訴必至の事件等

　比較的軽微な犯罪類型では、被疑者が事実関係を認め反省の意を表することが、検察官が起訴不起訴を決定する際の判断要素の1つとされることがあり、不起訴処分（起訴猶予）とされることがあります。このような犯罪類型の場合には、否認をせずに弁護活動をすることも考えられます。

　他方、殺人罪、放火罪などの重大犯罪においては、いくら被疑者が事実関係を認め反省したとしても、不起訴とされることはありません。これらの重大犯罪において、黙秘しない対応をしていると、ときには捜査機関が自らのストーリーに沿った形で調書を作成し、被疑者が作成された調書の内容をよく読まずに署名・押印するということが起こりかねません。被告人が公判廷で述べた発言に、いくつもの解釈の可能性がある場合には、裁判官、裁判員、弁護士が中立な目で再質問し、その意味を問うことができ、被告人の真意を踏まえて裁判をしてもらうことが可能になります。

　一方で、取調べ時に被疑者が発言した内容にいくつもの解釈がある場合に、捜査官は捜査官の見立てたストーリーに沿った供述調書を作文し、被疑者が捜査官の意図に気づかないままに調書に署名・押印してしまうこともあります。

　これらの場合に、公判段階になって、調書の内容に誤りがあると述べても後の祭りです。

　このような事情に鑑みると、重大事件や起訴必至の事件の場合、被疑者が黙秘を継続して取調べに応じることのメリットはない一方で、取調べに応じることのデメリットが大きいことがわかります。

したがって、重大事件や起訴必至の事件などでは基本的に、黙秘権を行使すべきといえます。

　仮に、被疑者が弁護人に対して反省の意を表したい場合や事実関係を認める旨を述べている場合には、公判廷で被告人質問の際に述べてもらえば正確にその意図が裁判官・裁判員に伝わります。被疑者段階で正確に裁判官や裁判員の意図が伝わらないリスクを負ってまで黙秘権を行使するメリットはありません。

③　被疑者の記憶があいまいな事件

　どの程度被疑者の記憶があいまいかにより、黙秘すべきか否かは変わってきます。事件現場にいたことすら記憶にない場合には、客観的事実と異なる主張をしてしまうリスク、記憶違いによる不正確な供述をしてしまうリスクが高くなるため、黙秘をすべきといえます[15]。

(3)　黙秘権を行使せずに弁護活動を行うことを検討すべき場合とは

①　比較的軽微な犯罪類型であり、かつ、身体拘束からの早期解放を目指すことができる場合

　詳細は本書第3章で後述しますが、比較的軽微な犯罪類型の場合に、刑事訴訟法60条1項各号の要件を満たさないとして勾留を回避することができる事案があります。黙秘している場合には、否認しているとみなされ、否認している被疑者が釈放されると罪証隠滅を図ったり、逃亡を図ったりするおそれがあると判断され、勾留さ

15　そのような主張の場合には、仮に一部黙秘を解除して身体拘束からの早期解放に向けた活動をしたとしても、罪証隠滅のおそれありと判断され、不奏功に終わる例が多いといえます。

16　京都地裁昭和47年8月17日決定判時688号105頁（第7章177ページに要旨を掲載）

れやすくなってしまうことがあります[16]。

　勾留を避けて早期に身柄解放されることを目指す場合には、黙秘権を行使せず、取調べの初期の段階において被疑者の主張、否認の態様についての供述調書を作成してもらうことが有利になる場合があるといえます。

　ただし、このような場合であっても、不当な取調べがなされ、被疑者に不利益な供述調書が作成されてしまっては元も子もありません。黙秘を解除する場合には、①丁寧に署名・指印を拒否する権利があることや供述調書の完成前に訂正を求めることができることなどを被疑者に教示し、②頻繁に被疑者に接見して不当な取調べの有無をチェックし、③早期に可視化の申入れをしておくなどして、被疑者の意図しない調書が作成されてしまわないよう、細心の注意を払う必要があります。

　加えて、被疑者には、都度作成した調書の記載内容をメモ、再現して弁護人に報告してもらい、万が一、黙秘権の解除が不相当であったと判断された場合には、再度黙秘権を行使するべく方針転換をすることも検討すべきでしょう。

②　起訴猶予による不起訴処分を目指す場合

　比較的軽微な事件の場合には、起訴するか不起訴（起訴猶予）とするか、検察官が様々な事情を考慮し決することがあります。被疑者が反省しているか否かがこの判断の際に影響を及ぼすことがあり、取調べで黙秘している＝反省していない＝起訴して処罰すべきである、という判断をされてしまうことがあります。起訴するか不起訴とするかが微妙な事案においては、黙秘をしていると、不起訴（起訴猶予）を勝ち取りにくい現状があります。

　そのほか、示談が成立した場合には不起訴処分（起訴猶予）を勝ち取ることができる可能性が高いが、他方、示談が成立しない場合には起訴される可能性が高い事案の場合には、黙秘をしていると、

検察官や警察官から被害者に被疑者が黙秘していることが伝わり、被害者が感情を害し、示談を得にくくなることがあります。そもそも、被疑者が黙秘をしている場合には、被害者が弁護人との接触を拒否し、捜査機関を通じて被害者の連絡先を入手することが困難となってしまう場合があります。

　このように、不起訴処分（起訴猶予）を目指す場合には、黙秘権は行使しないほうがよいケースがあります。

5　身体拘束からの早期解放は、逮捕〜勾留決定日の３日後までの７日間が勝負‼

　被疑者の勾留を回避するためには、勾留質問日に裁判官が勾留質問を開始する前までに証拠を収集し、意見書として提出することができるかが大きな鍵となります。

　しかし、実際には、初回接見が勾留質問日の直前であったり、勾留質問日であったり、証拠収集や身元引受人確保に難航して勾留質問日までに十分な証拠収集をすることができないことなど、何らかの事情で勾留質問が実施されるまでに意見書を提出することができないことはよくあることです。

　そのような場合には、準抗告の申立期限まで、すなわち、勾留決定日の３日後までに証拠収集活動をし、勾留決定の効力を争うことを試みるべきでしょう。

　令和時代の被疑者弁護活動では、被疑者弁護活動の期間を単に「23日間」と捉えるだけではなく、そのうち前半の７日間（逮捕段階＋勾留質問日＋準抗告期限（勾留決定の日の翌日から数えて３日以内））を意識して活動することが求められているのです（次ページ図表 1-4、1-5）。

■図表 1-4　今までの被疑者弁護活動期間

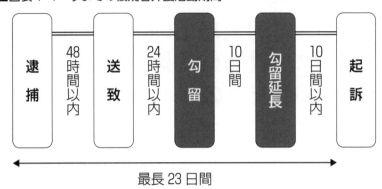

逮捕　48時間以内　送致　24時間以内　勾留　10日間　勾留延長　10日間以内　起訴

最長 23 日間

■図表 1-5　弁護人が意識すべき勾留回避に向けた活動期間

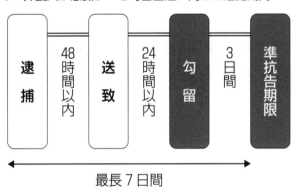

逮捕　48時間以内　送致　24時間以内　勾留　3日間　準抗告期限

最長 7 日間

第2章

逮捕前の弁護活動

1　逮捕前の弁護活動とは

(1)　逮捕前の弁護活動の必要性

　現状、弁護士が逮捕前の段階において、刑事弁護活動をするケースは多くはありません。逮捕前の段階から弁護士が携わったとしても、具体的に何をすべきなのかを解説する書籍類も少ないのが実情です。

　しかし、現実問題として、逮捕前の段階に適切な弁護活動が求められるケースは少なくありません。例えば、ある方が電車で痴漢の疑いをかけられて、途中下車した後、ホームで押し問答していると警察官なども駆けつけてきた、というような場合です。

　そのような場合、逮捕前の時点で弁護士が介入し適切な弁護活動ができたか否かが、犯罪の嫌疑をかけられたその人のその後の運命を大きく左右するということもありえます。

　したがって、逮捕前段階における刑事弁護活動次第では後の被疑者の運命を大きく変えることにもなるため、逮捕前段階の刑事弁護活動を行うことが必要なのです。

(2)　逮捕前の任意捜査の正しい姿、捜査に対する裁判所の判断

　本来、逮捕前の任意捜査は、あくまで「任意」であり、「強制」はできません[1,2]。そして、行える捜査の範囲についても、捜査比例原則の下、必要性緊急性等を考慮した上、相当な範囲と限定され

ています[3]。

　職務質問等の行政警察活動についても同様です。職務質問等の行政警察活動は、警察比例原則が及び、「強制」はできません。ですから、本来、職務質問や任意同行は被疑者が真に「任意」であることが必要なはずです。

　しかし、現状はそうなってはいません。例えば、職務質問で10人を超えるような警察官に囲まれて帰ることが許されず（帰ろうとすると警察官が立ち塞がって壁を作り、警察官を避けて帰ろうとすると「公務執行妨害の疑いで現行犯逮捕するぞ」などと一種の脅しを受け、帰ることを断念するケースがあります）、半ば強制的に任意同行されるということがあります。そのように被疑者がおよそ「任意」に応じているとは言い難い任意捜査や職務質問等が散見されます。

　では、裁判所はそのような捜査についてどのように評価するのでしょうか。裁判所の裁判例をいくつか参照すると、実はそのような

1　刑事訴訟法197条1項但書は「強制の処分は、この法律に特別の定めがある場合でなければ、これをすることができない。」旨を定め、いわゆる強制処分法定主義を定めています。

2　刑訴法197条1項本文には「捜査については、その目的を達するために必要な取調べをすることができる。」と規定されており、任意捜査の原則が定められています。

3　最高裁昭和51年3月16日判決は、「捜査において強制手段を用いることは、法律の根拠規定がある場合に限り許容されるものである。しかしながら、ここにいう強制手段とは、有形力の行使を伴う手段を意味するものではなく、個人の意思を制圧し、身体、住居、財産等に制約を加えて強制的に捜査目的を実現する行為など、特別の根拠規定がなければ許容することが相当でない手段を意味するものであって、右の程度に至らない有形力の行使は、任意捜査においても許容される場合があるといわなければならない。ただ、強制手段にあたらない有形力の行使であっても、何らかの法益を侵害し又は侵害するおそれがあるのであるから、状況のいかんを問わず常に許容されるものと解するのは相当でなく、必要性、緊急性などをも考慮したうえ、具体的状況のもとで相当と認められる限度において許容されるものと解すべきである。」と判示しています。

およそ「任意」とは言い難い捜査について、裁判所は適法である、また違法ではあるものの、その後採取された証拠について証拠能力までは否定されないとの理由で証拠能力を認め、当該証拠の存在を1つの理由として有罪とするケースが多いのが実情です[4,5,6,7]。

(3)　逮捕前の任意捜査（職務質問等）に対して弁護士が求められる役割

　逮捕前の任意捜査（職務質問等）に対して、被疑者は意思に反して応じる必要はありません。あくまで「任意」なのですから、職務質問や任意同行を拒否することは可能で、それは何ら悪いことでは

4　任意捜査が違法であり、かつ、それに引き続き採取された証拠も違法の瑕疵を帯びるため違法収集証拠として排除されるべきである、と主張する場合に、被告人の主張を裏付ける証拠が被告人の証言のみであるケースはよくあります。こういうケースでは、裁判所は被告人の証言の信用性を否定し、捜査官らの供述の信用性を肯定した上で、「被疑者の同意があった」「被疑者が明確に抗議をしなかった」「説得の範囲を超えない」などと、様々な理由をつけて、任意捜査を適法であったと認定し、かつ、任意捜査に引き続き採取された証拠を適法な証拠であると判断することがままあります。そのような判断をされてしまわないようにするために、任意捜査の様子をできる限り証拠化する必要があります。

5　何ら不審事由がなかったにもかかわらず、職務質問に伴う所持品検査を求められ、所持品検査を拒み、歩き始めると前をふさがれ、また牛丼店に入ろうとしたところを制止されたという事案において、東京地裁は、捜査は適法であるとして、原告の国家賠償請求を棄却しました（東京地裁平成31年3月13日判決）。また、レンタルビデオ店の駐車場に駐車中の車内にいた者に対して、警察官らが職務質問と所持品検査を求めたが、所持品検査を拒んだところ、パトカーを車の前に止めるなど逃げないようにされ、執拗に所持品検査を求めたという事案で、職務質問に伴う所持品検査が違法であるとして国賠請求の一部を認容した事例があります（神戸地裁平成27年1月12日判決）。

6　東京高裁令和元年6月25日判決参照

7　職務質問時の被疑者の留め置きについて、純粋に任意捜査として行われている段階と、強制採尿令状請求の準備に着手した後の段階とを区別し、後者の段階においては、純粋な任意捜査の場合に比し、相当程度強くその場に止まるよう被疑者に求めることも許されるという見解があります。

ありません。任意捜査に応じたくない場合には、任意捜査をしている警察官に対して任意捜査に応じたくないため帰してほしい旨を明確に述べれば、その場を立ち去ることができるはずです。

しかし、理屈の上ではそうであっても、現状はなかなかそのとおりにいきません。例えば、何人もの警察官や多くのパトカーに囲まれ、圧力をかけられた状況下で、被疑者一人では、現実問題として任意捜査を拒否することは難しいでしょう。あとで、刑事裁判で捜査の違法性を争ったとしても、被疑者の主張を裏付ける証拠がない場合には、警察官らが被疑者を現場に留め置いた行為は「説得」の域を超えないため適法である、などと判示されてしまう可能性が高いといえます。

そこで、違法な捜査から被疑者の権利を守るために、弁護人による弁護活動が求められるのです。詳細は後述しますが、弁護人の行うべきことは、①あくまで任意捜査であり、被疑者が拒否する意向を示した場合には捜査に応じる義務がない旨を警察に対してしっかり主張する、②警察による捜査が任意捜査の域を超えていないか注視・記録する、という2点を基本に積極的な柱として活動していくことが望ましいでしょう。

⑷ 逮捕前の捜査機関への働きかけ

逮捕前の段階において、警察に証拠を提出する、意見書を提出する、被疑者が取調べを受けるのに同行する、など様々な弁護活動をすることが考えられます。こうした場合には、弁護人選任届を司法警察員に提出する必要があります（刑事訴訟規則17条参照）[8]。

弁護人選任届提出に際して、取調べ担当警察官に挨拶をすることも有用です。警察官から正確な被疑事実の情報を聞くことができる場合もありますし、余罪の有無、被害者の数、ときには捜査の進展状況などの情報を得ることができる場合があります。

　ときには、被疑者の主張を正確に捜査機関に伝えるために、被疑事実について弁面調書、被疑者作成の上申書、意見書を提出することが有用な場合があります。捜査機関の求めに応じてこれらの書類を作成した場合には、後に逮捕された場合に罪証隠滅のおそれを否定する事情の1つになる場合もあります。

　被疑者の逮捕前に、被害者から示談書や被害届取下げ書を取得することができた場合には、被疑者の逮捕を回避することができることがあります。

8　司法警察員が弁護人選任届の受領に慣れていないことが多く、しばしば受け取ることを拒絶されることがあります。そのような場合には、刑事訴訟規則17条を教示し粘り強く受領を求める必要があります。

2　類型別の弁護活動

(1)　職務質問後、任意同行を求められているケース

具体的事例

　警察官が、不審な挙動があった被疑者に対し職務質問をし、職務質問の中で警察官が薬物事犯の嫌疑を深め、所持品検査や任意同行、さらには採尿等を被疑者に対して求めました。被疑者が任意同行を拒否して帰ろうとしても帰らせてもらえず、携帯電話を使用して弁護士に弁護活動を依頼しました。

　被疑者が任意同行を拒んだ場合、警察官も被疑者を執拗に説得し、ときには現場にとどまることを強要しますので、質問現場で長時間押し問答が続くこともあり、その最中に被疑者や関係者から弁護士にSOSを求めることがあります[9、10]。

9　本文中に挙げた具体例以外にも、自動車検問をきっかけに所持品検査を求められ、その場に長時間留め置かれる場合もあります。その場合、警察官は、令状を取得していないにもかかわらず、被疑者の車の前に立ち塞がったり、警察車両を被疑者の自動車を取り囲むように配置したりと、事実上移動の自由を奪う捜査が平然と行われるケースがあります。

採るべき対応、弁護活動のポイント

〔現場到着前〕

(i)　一刻も早い現場への急行

　本人や家族、友人等からの連絡により依頼を受けた場合には、なるべく早く現場に駆け付ける必要があります。被疑者が警察官の違法な捜査の結果、気持ちが折れ、自暴自棄になり、任意同行に応じてしまってからでは弁護士としてできることは限られてきます。1分1秒、いかに早く現場に駆け付け、被疑者に接触できるかが重要なポイントになります。

(ii)　状況の聴取と記録化

　現場に到着する前に、被疑者や関係者と連絡が取れるのであれば、メールや電話、SNS等を通じて、可能な限り情報を聴取しておく必要があります[11,12,13]。聴取しておくべき情報としては、①任意同行に至った経緯[14]、②警察官の主張（どのような嫌疑がかけ

10　所持品検査や任意同行が、ときには説得の範囲を超え、違法となることがあります。例えば、事実上被疑者を取り囲み任意に現場を離脱することが不可能な状況に追いやったり、被疑者が乗車している自動車の周囲を警察官や警察車両が取り囲み、事実上移動の自由を奪ったりすることがあります。そうしたケースでは、その様子を撮影した映像がなければ、後に裁判で違法な捜査と認定してもらえないケースが多々あります。

11　警察から任意同行を求められている被疑者（またはその現場に居合わせた関係者）と電話での連絡がとれれば、録音しておくべきです。後に、電話での被疑者と弁護人とのやりとりに加え、被疑者の周囲の音声（被疑者と警察官とのやりとりの内容、警察官の声等）を証拠とすることができます。また、被疑者には写真や動画を撮ることも忘れずに指示するべきです。これも、任意同行を拒むことができない状況等を示す強力な証拠となりえます。

12　状況にもよりますが、被疑者が職務質問中に携帯電話を使用して弁護士に電話をかけてきた場合に、職務質問をしている警察官に電話をかわってもらい、電話越しに直接抗議をすることも考えられます。職務質問や任意同行に応じたくない意思を被疑者が警察官に伝えることが難しい場合には、弁護人が代弁し、その状況を録音しておくことも重要です。

られているか）15、③今どこで何をしているのか16、④令状（請求）
の有無、⑤任意同行を拒否しその場から離脱したい意思を警察に伝
えているか17、⑥⑤に対する警察官の応答の内容18、⑦周囲の状
況19、⑧有形力の行使の有無20などです。これらを聴取しておきな
がら現場に着く前にいかなる主張をすべきか、どのような弁護活動
をすべきかなどを検討しておくのがよいでしょう。

---

13 被疑者の電話機の充電に余力がある場合には、電話をつなぎっぱなしにして
   もらい、弁護人側が電話内容を録音しておくことも有用です。このことによ
   り被疑者と弁護人の通話内容だけでなく、被疑者の周囲の緊迫した状況、違
   法な捜査の様子などを証拠化できる場合があります。
14 警察官職務執行法2条1項の要件該当性（職務質問の適法性）を判断するた
   めに聴取しておく必要があります。
15 任意捜査の適法性が裁判で争われる際に、検察側が後付けの理由を挙げて任
   意捜査が適法であったと主張することがあります。このように、後付けの理
   由を挙げ、本来違法な捜査が適法と判断されてしまわないようにするために
   も、警察官がどのような主張をしているかを聴取し記録しておくことが重要
   となります。
16 被疑者が任意捜査を受けている現場に駆け付けるためには必ず場所や何をし
   ているかを聴取しなければなりません。
17 明確に離脱したい旨を述べていない場合には、後に、裁判で、（被疑者が任意
   に警察官の説得に応じていたなどと認定され）捜査が適法と判断されてしま
   う可能性があります。その場から離脱する意思がある場合には、明確に離脱
   意思を警察官に伝える必要があります。
18 警察官が虚偽の理由を述べて被疑者がその場から離脱することを阻止した場
   合には、当該阻止行為に引き続き採取された証拠が違法収集証拠とされる可
   能性が生じます。
19 被疑者を取り囲んでいる警察官が何人いるか、被疑者を取り囲んでいる捜査
   車両が何台あるか、といった事情は、被疑者の移動の自由が違法に制限され
   ていたか否かを判断するための重要な要素となりえます。
20 有形力の行使がある場合には、任意捜査の限界を超え違法な捜査と判断され
   る可能性が高まります。他方、有形力の行使がなされた証拠を残しておかな
   ければ、裁判所は、簡単には有形力の行使があったことを認定してくれま
   せん。

〔現場到着後〕

(i)　録画等

現場に到着して必ずやるべきことは、動画撮影です。職務質問等を受けている被疑者の様子や捜査官の様子などをしっかりと動画で記録する必要があります。

動画撮影の目的は、任意捜査の限界を超える捜査や働きかけが行われている状況があればその状況を動画として証拠に残し、のちに捜査の違法性や違法収集証拠排除の主張をすることにあります[21]。

動画撮影をすることにより、警察官に対し、違法な捜査を行わないよう抑止効果をかけることもできます。警察官も、証拠として残るかもしれないというプレッシャーの中では任意捜査の限界を越えるようなことは迂闊にしにくくなります。

録音のみをする場合と動画撮影をする場合とでは、のちに捜査の違法性や違法収集証拠排除の主張の立証の難易度が全く異なりますし、捜査官に対する違法捜査抑止の効果にも大きな差が出ます。そのため、動画撮影機能を有する携帯電話を持ち合わせていた場合には、積極的に活用すべきです（もちろん、動画撮影をすることができず録音のみの場合であっても、一定程度証拠としての価値はありますので、動画撮影することができない場合には録音をすべきでしょう）。

(ii)　被疑者、警察官との対話

他方、現場に到着した際には、被疑者や警察官としっかり話すことも重要です。被疑者は現場で警察官らに囲まれて、冷静な対応や

21　薬物の使用事案では、違法な任意捜査に引き続き取得された尿の鑑定結果が違法収集証拠として証拠排除されると無罪判決を得ることができる可能性があります。最近の事例では、横浜地裁令和元年11月20日判決（第7章175ページに要旨を掲載）、大阪高裁平成30年8月30日判決、さいたま地裁平成30年7月27日判決、広島地裁平成30年6月14日判決、東京高裁平成29年6月28日判決などが挙げられます。

判断ができなくなっている可能性が高いため、弁護士が被疑者と会話することにより、被疑者を落ち着かせる必要があります。また、警察官から、捜査の状況、現在被疑者に対して何を要請しているのかを聞き、令状のない任意捜査であることが判明すれば、こちらからは任意捜査なのであれば拒否して帰宅等することも自由である旨を主張する必要があります。

(iii) 明確な意思表示と抗議

被疑者の逃亡等を弁護士が唆すようなことはあってはありませんが、任意捜査であれば帰宅等することができる旨を被疑者に伝え、帰宅等をするのか、任意同行に応じるのかの判断を被疑者に委ねることは何ら問題はありません。

被疑者が任意同行に応じたくない意思を持っている場合には、被疑者にその意思を明確に述べさせるべきですし、弁護人も被疑者の意思をしっかりと警察官に伝えるべきです（そして、その状況を録音録画して証拠化しておく必要があります）。それにもかかわらず警察官が任意同行を強要してきた場合には、抗議の意思を示しておく必要があります[22]。

(iv) 追尾してくる警察官から安全に被疑者を帰宅させる

被疑者が、任意捜査を受けることを拒否し、その場を離脱することに成功したとしても、複数名の警察官が被疑者を追尾してくることはよくあることです。せっかく弁護士が援助することにより被疑者が職務質問の現場を離脱することができたとしても、追尾してきた警察官に被疑者が取り囲まれ、再度移動の自由が奪われてしまっては元も子もありません。被疑者が職務質問の現場を離脱し、安全

---

22 任意捜査に応じない明確な意思表示や抗議の意思を表示しておかないと、のちに裁判で「被疑者や弁護人が任意捜査を拒否する意思を示さず警察官の説得に応じていた」ものと認定され、任意捜査が適法とされてしまう可能性が生じます。

に帰宅することができるようにするためには、追尾してくる警察官が「説得」などと称して被疑者を取り囲み、結局被疑者が帰宅することができない、という事態にならないようにしなければなりません。そのためには、現場離脱後も、弁護人がしばらく被疑者に付き添う必要があります。

　被疑者が明確に任意捜査に応じない意思を表示しているのにもかかわらず、複数名の警察官が追尾してきて被疑者の移動の自由を奪おうとするのは、任意捜査の限界を超え違法な捜査の疑いがあります。こうした捜査の様子は映像として撮影しておくべきです。

(ⅴ)　逮捕された場合に備える

　被疑者が逮捕された場合に備え、各種権利の説明はしておくべきです。

　また、逮捕された場合に、被疑者が直ちに取調べ担当警察官に対して弁護士への接見要望を出すことができるようにするため、名刺を渡しておくことが大切です[23]。

現場に持参すべき物、事前準備

(ⅰ)　持参すべき物品

　弁護人は、弁護士であることを証明するため、弁護士バッジや身分証、名刺等は最低限持参すべきです。

　また、上述のとおり、任意同行の現場で動画を撮影することは必須であり、動画撮影機能付きの携帯電話は必ず持参すべきです（動画撮影可能なデジタルカメラ等でも問題はありません）。

23　逮捕された場合に、すぐに取調べ担当警察官を通じて弁護人への接見要望を出すよう被疑者に指示しておくことも有用です。そのようにしておかないと、被疑者が逮捕されたあと、そもそも逮捕されたか否か、どこに勾留されているのか、などといった事情を知ることができず、接見が実現するまでに時間がかかってしまう可能性が生じます。

　気を付けなければならないことは、連続した長時間の動画撮影を
しなければならないケースが多く、携帯電話のバッテリーが相当程
度消費される点にあります。任意同行に応じるか否かの押し問答が
続いた場合や、被疑者が帰宅のため移動すると警察官が後から付い
てくる場合などにおいては、撮影が長時間に及ぶことがあります。
そういった場合に備えて、持ち運び可能なバッテリー付き充電器な
ども併せて持参するのがベターです[24]。

(ii)　2人態勢での現場急行

　2人体制で駆け付けることができるのであれば、それがベストと
いえるでしょう。仮に1人で駆け付けた場合には、例えば、依頼者
と弁護人との間に警察官が数名で壁を作り、動画撮影を遮られてし
まう可能性があります[25]。他方、2人で現場に行くことができれ
ば、一人が警察官から何らかの妨害行為を受けたとしても、もう一
人が少し離れたところから妨害行為を客観的に撮影することができ
ます。このような体制を作っておけば、違法行為の立証がしやすく
なりますし、仮にのちに弁護士が公務執行妨害したなどの言いがか
りをつけられたとしても、身を守ることができます。

24　可能であれば、動画撮影用に1台、電話連絡用に1台使用する可能性があり
　ますので、携帯電話を2台持参するのがベターです。1台は動画撮影用とし
　て利用しながら、もう1台については所轄警察署に抗議の連絡をしたり、そ
　の他関係者と連絡をとったりする手段として使えます。そのほか、2台携帯
　電話があれば、撮影用の携帯電話のバッテリーが消費されてしまった場合に、
　もう1台を予備としても使うことができます。

25　筆者は、経験が浅いときに1人で職務質問の現場に駆け付けた際、（薬物使用
　の疑いがかけられている）依頼者と筆者の間に警察官が壁を作って依頼者の
　様子を撮影できないようにし、その間、依頼者が警察官から腕をつかまれて
　制圧される、という苦い経験をしました（もっとも、その様子を録音しつつ、
　筆者が抗議をした様子が証拠化できたこともあり、最終的にその依頼者は不
　起訴とされました）。

(2)　任意同行後、取調べを受けているケース

具体的事例

　捜査機関は、被疑者を任意で取調べ（事情聴取）し数日にわたり取調べをすることがあります。取調べが行われない時間帯には、警察が手配をして警察署近くのホテルに宿泊させ、移動中も常時監視するなどの捜査をすることがあります[26]。

　また、政治犯罪や経済犯罪などでは、身体拘束をせずに逮捕前に任意の取調べが長時間実施されることがあります。

　こうしたケースでは、任意同行中、あるいは任意同行開始前の被疑者から弁護人が依頼を受けることがあります。

採るべき対応、弁護活動のポイント

〔被疑者への助言〕

（ⅰ）　録音等

　取調べを携帯電話やIC レコーダー等で録音するよう助言・指導することが考えられます。例えば、いわゆる陸山会事件では、検察官による不当な取調べがなされましたが、被疑者がIC レコーダーで取調べ内容を録音し、その内容を証拠として提出したことが功を奏し、当該取調べによる検面調書の証拠能力が否定されることとなりました。

　こういった事例に代表されるように、捜査機関による違法不当な取調べに対し、その証拠能力を争う有効な手段として、取調べの録音をすることが考えられます。

26　東京高裁平成 14 年 9 月 4 日決定参照

(ii)　取調べ状況の記録化

　警察官の妨害に遭い、取調べの状況を録音することができないこともあります。そのような場合には、取調状況等を取調べ後記憶が鮮明なうちに逐一メモするように指示することが考えられます。取調べ状況のみならず、録音だけでは証拠化することが困難な態様等を記憶が鮮明なうちにメモに残しておくことにより、捜査が違法であったことを証明することが可能となります。

〔弁護士の行動〕

(i)　こまめな連絡と連絡状況の記録化

　弁護人は、被疑者とこまめに連絡をとることを心がける必要があります。任意同行後（かつ逮捕前）の取調べであれば、任意に行われることが前提となっているため、被疑者が弁護人に対する電話を求めれば、弁護人と電話をすることができるはずです。そのため、弁護人としては、被疑者とこまめに電話をし、自白強要されないように適切な指示をするとともに、電話内容を録音し、被疑者から聞き取った取調べ状況、取調内容等を記録します。

(ii)　取調べへの立会い

　取調べの立会いを求めることが考えられます。被疑者の逮捕・勾留後の取調べの立会い権を正面から認めた法令は、残念ながら我が国には存在しません[27、28、29]。

　他方、任意の取調べに際して、取調べへの立会いを禁じた法令は存在しません。

27　アメリカ、イギリス、フランス、ドイツ、台湾、韓国など、多くの国で取調べの立会い権が認められていますが、残念ながら我が国では取調べの立会い権を明確に定めた規定はなく、実務上も、逮捕・勾留中の被疑者の取調べへの立会いは認められていません。

28　日本弁護士連合会が 2018 年 10 月付で公表した「弁護人を取調べに立ち会わせる権利の明定を求める意見書」参照

　弁護人の努力により、任意捜査の段階の取調べに立会いが認められたケースも報告されています。弁護人は、被疑者の権利を守るため最初から諦めずに立会いを求める姿勢が求められます[30,31,32]。

　弁護人が取調べに立ち会うことの有用性は、日弁連が行った海外調査報告書において詳細に報告されています[33]。何より、捜査官が利益誘導、偽計自白を迫るなどの不当な取調べをすることに対する抑止効果になります。また、閉ざされた密室である取調室に、味方である弁護士が1人横にいてくれ、「万が一不当な取調べが行われてもなんとかしてくれる。」と考える事情があれば、被疑者にとってとても心強いものです。弁護士がいるだけで、いないときと比べると、捜査官からの取調べに対して、冷静に受け応えができることは間違いありません。

　残念なことに、志布志事件[34]のように、現在の我が国において、

29　犯罪捜査規範180条2項、少年警察活動規則20条4項など、弁護人、付添人の取調べへの立会いを前提とする規定があります。成人の場合には、例えば、「精神状態の不安定な被疑者の精神状態を安定させるため」など、立会いを認めるべき合理的な理由があることを主張する必要があるでしょう。少年の場合には、「当該少年に無用の緊張または不安を与えることを避けることに有用であること」「事案の真相を明らかにし事後の効果的な指導育成に資すること」などを主張し立会いを求めることが考えられます。

30　日弁連が主催した第62回人権擁護大会シンポジウム第1分科会作成の基調報告書において、任意捜査段階で取調べへの立会いが成功した事案が紹介されています。取調べへの立会い成功事例は、事例の集積が少ないのが現状です。弁護人は、積極的に取調べへの立会いを試み、違法捜査を抑止することが強く求められているといえます。

31　例えば、駅構内での暴行や迷惑行為が疑われている被疑者について、任意同行中に駅構内で実況見分が実施される場合のように、任意同行中に公開の場で捜査が行われることがあります。このような場合には、事実上、弁護人が立ち会うことが可能なケースがあります。

32　弁護人の立会いを認めない場合には任意捜査に応じない、という姿勢を貫いた場合に、かえって逮捕の正当化事由があるとされ、逮捕状をとられてしまう可能性がありますので注意が必要です。そのような事態になってしまっては本末転倒ですし、被疑者と弁護人との信頼関係にひびが入りかねません。

33　第62回人権擁護大会シンポジウム第1分科会海外調査報告書参照

いまだに違法不当な捜査が行われている実態があります。このような実態を改善し違法捜査を抑止するためにも弁護人が立会いをすることが重要といえます。

　もっとも、近時は、警察が取調べへの立会いを承諾するケースはなかなかないようです。そこで、立会いをすることができずとも、被疑者が不当な取調べを受けることがないようにするための施策が必要となります。

　例えば、被疑者が任意取調べを受けている際に、弁護人が取調室の前で待機し、被疑者が弁護人との打ち合わせを希望すればいつでも取調べを中止し打ち合わせをすることができる態勢を作ることが考えられます。被疑者には弁護人選任権や接見交通権が保障されています。任意取調べを受けている被疑者であっても、取調べ中に弁護人との打ち合わせを希望した場合に、取調べを中断し弁護人と打ち合わせをする権利があるのは当然のことです。

　他方、短時間に頻繁に取調べの中断や弁護人との打ち合わせを求めたとすると、捜査機関の態度が硬化し、こうした施策を拒絶される可能性があります。

　そこで、捜査官との間で、例えば30分に1度、60分に1度被疑者が取調室を退去し、弁護人との打ち合わせの場を設けてもらう、などの了解を得ることが考えられます。

　捜査官の立場からしても、取調べ後すぐに被疑者が外にいる弁護人と打ち合わせをする可能性がある状況下では、弁護人がいない場合と比べ、不当な取調べをしにくくなるでしょう。

34　2003年4月13日に施行された鹿児島県議会議員選挙で選挙違反があったとして、当選した新人候補者ら15名が逮捕・勾留され、うち13名が起訴されたが、最終的に全員が無罪となった事件を指します。同事件では、いわゆる「踏み字」「たたき割り」などの強引な捜査について国賠訴訟が提起され、違法性が認定されました。鹿児島地裁平成20年3月24日判決（判時2008号3頁）参照

⑬　明確な意思表示と抗議

　任意で被疑者が取調べを受けている場合、いつでも取調べを拒否し帰ることができるのが原則です。そこで、被疑者が帰宅を望んでいる場合には、帰宅したい旨を警察官に伝えるよう助言・指導するべきです[35]。この場合に、被疑者単独で帰宅したい旨を述べても、帰宅することを認めてもらえず、事実上被疑者の移動の自由が奪われることがあります。

　そこで、弁護人は、被疑者の所在を聞き、現場に急行し、被疑者が帰宅したい意思を示していること、被疑者の意思に反して移動の自由を奪うことは違法であることを強く述べるべきです。

⑭　可視化の申入れ

　任意の取調べの段階では、取調べの可視化[36] は義務付けされていません[37]。しかし、現在、取調べの可視化が義務付けられた事件以外にも、幅広く取調べの可視化が施行されています。こうした状況を踏まえ、弁護人は積極的に取調べの可視化を求めていくべきです[38]。

35　任意捜査を理由に被疑者が取調べに全く応じない場合には、そのことを理由に逮捕状をとられてしまう可能性があります。弁護人はそのことに留意し、場合によっては、相当程度の任意の取調べを受ける必要があることを被疑者に説明する必要があります。

36　我が国では、被疑者の取調べは、弁護士の立会いが許されず、かつ、外部からの連絡ができない「密室」で行われます。過去に「密室」であることを利用し、威圧、偽計、利益誘導などを伴った不当・違法な取調べが行われ、被疑者の真意に反する自白調書が作成されてしまう事例がたくさん起きました。このような自白調書が作成されることにより、過去に様々なえん罪事例が発生しました。被疑者の逮捕前であっても、取調べの可視化がなされることにより、えん罪を抑止することが可能となります。弁護人は逮捕前の段階であっても、積極的に可視化の申入れをするべきです。

37　刑事訴訟法301条の2参照

38　こうした弁護人1人ひとりの声が実務の運用を動かし、やがて法改正に至る可能性を生みます。被疑者の権利を守るためにも弁護人には積極的な弁護士姿勢がなくてはなりません。

(3) 逮捕が予見されているケース

具体的事例

　被害届が受理され、逮捕される可能性が高い状況で、被疑者や関係者が弁護士に依頼をすることがあります。

採るべき対応、弁護活動のポイント

(i) 身元引受人の確保

　逮捕前であれば、逮捕後とは異なり、本人から直接（家族、交際相手、知人などの）身元引受人候補者に対して連絡することができます。また、被疑者は、自分の携帯電話に登録された連絡先等を見ながら、誰に身元引受人を頼むかを検討できるため、より身元引受人を確保できる可能性が高まります。

　本人の口から直接身元引受人候補者に連絡をとっておけば、逮捕された際にスムーズに身元引受人候補者と弁護人が連絡をとることが可能になります。

(ii) 証拠収集

　逮捕前の段階では、被疑者の携帯電話やパソコン等は押収されていないケースがほとんどです。そのため、被疑者は携帯電話の記録等を見ながら、どこにどのような証拠があったかを探すことが可能です。

　実際に自宅等を調査して、証拠の確保に努めることができます。当然のことですが、被疑者に不利な証拠を隠したり、消去したりすることは絶対に行ってはいけないことです[39]。

　被疑者立会いの下、被疑者の記憶が鮮明なうちに実況見分を行っておくことも有用です[40]。

(iii) 供述調書の作成、作成状況の録音録画

　供述調書（弁面調書）を作成することが考えられます。逮捕に先

立って、被疑者の記憶が鮮明なうちに言い分をしっかり聴取し、記録に残すことができます[41]。

(iv)　早期の示談交渉

　被疑者が被疑事実について全く争う姿勢のない場合であって、早期解放を目指すことができる場合などには、示談の準備をすることが考えられます[42]。早期に示談の準備をし、勾留決定までに示談が成立すれば、逮捕されたとしてもすぐに釈放を勝ち取ることができる可能性を高めることができます[43]。

(v)　捜査協力の意思表示

　黙秘権を行使することが相当でない事案の場合であって、身体拘束からの早期解放を目指すことができる事案の場合には、逮捕前に

39　例えば、通話履歴、LINE メッセージなど、一定期間が経過すると、自動的に携帯電話の端末から閲覧できなくなってしまう証拠があります。被疑者が身体拘束され、時間が経過してしまうと、有用な証拠となる可能性のあった通話履歴、LINE メッセージなどが失われてしまう可能性があります。また、被疑者が身体拘束されてしまうと、被疑者は所持品を閲覧することができないため、どこにどのような証拠があったか思い出せず、その結果、弁護人も、どこに被疑者に有利な証拠があるかを知ることができず、その結果、被疑者に有利な証拠が失われてしまう可能性があります。被疑者が身体拘束される前に、証拠を確保しておくことは非常に有益なのです。

40　被疑者が身体拘束をされてしまうと、弁護人が実況見分をしようとしても、被疑者が実況見分の現場にいないため、被疑者の供述の再現度が落ちてしまいます。逮捕前であれば、再現度の高い実況見分を実施することが可能となります。

41　残念ながら、刑事訴訟法上、検察官面前調書に強い証拠能力が認められている一方で、弁面調書には、そのような証拠能力は認められていません。後で証拠価値が否定されるような事態にならないようにするために、弁面調書を作成した際の様子を録音録画しておくことは非常に有益です。

42　比較的軽い犯罪のケースでは、被疑者が逮捕される可能性が高い状況において、示談を締結し、かつ、被害届の取下げをすることができれば、逮捕が回避されるケースがあります。

43　夫婦間、家族間、交際相手間での暴行事件、器物損壊事件などの場合、被害者側が被疑者の逮捕・勾留を望んでいないケースがしばしばあります。そのようなケースでは、短期間（1日～2日）の間に比較的容易に示談を締結することが可能です。

捜査機関に対して、積極的に捜査に協力する姿勢（自ら警察署に連絡し、取調べ担当警察官に対して出頭したり、任意の取調べに応じる旨を伝えたりすることなど）を示しておくことも重要となります。捜査協力していた経過がある場合には、そのことが、将来勾留回避に向けた活動をする際に、1つの考慮要素となる可能性があるからです。

(vi)　心構えや権利の説明[44]

　忘れてはいけないのが、逮捕されたときの心構えや権利を説明することです。平成30年に全件被疑者国選制度が施行されて以降、まだ弁護人が選任されていない逮捕当初の段階で長時間にわたる取調べがなされ、（無知な被疑者を利用し）詳細な供述調書・自白調書が作成されてしまうことが散見されるようになりました。

　このような事態を防ぐためにも、事前に逮捕・勾留された際の心構えや被逮捕者の権利などについてきちんと説明しておくことは重要です。

　特に黙秘権の説明は丁寧にしておかなければなりません。逮捕前に被疑者と打ち合わせをすることができていれば、黙秘権を行使することが相当な事案か否か、ある程度見当を立てることができます。頭ではわかっていても、いざ逮捕された被疑者が取調室の中で1人で黙秘を貫くことはとても大変なことです。繰り返し黙秘権行使の重要性を説明することに加え、ときには取調べの再現をするなどして、どのように黙秘権を行使すればよいのか被疑者にイメージ

44　逮捕された場合に備えて弁護人の名刺を携帯しておいてもらうことは有用です。逮捕された場合、取調べ担当官に対して、弁護人宛に接見要望の連絡をするよう教示しておくと、逮捕後、被疑者の携帯している名刺を見ながら、取調べ担当警察官が弁護人に連絡をしてきて、被疑者が○○罪の疑いで逮捕されたこと、今○○警察署で取調べをしていること、留置場所は○○警察署になりそうなこと（あるいはまだ留置場所は決まっていないこと）、などの情報を早期に知ることができます。何より、取調べ担当官の氏名・所属・連絡先を簡便に知ることができます。

を持ってもらう必要があります。

　逮捕直後の違法な取調べを防ぐために、可視化の申入書を作成しておき、被疑者に交付しておくことも重要なことです。

(vii)　環境調整

　残念なことに我が国では、逮捕が一種の社会的制裁となっている側面があります。少しでも、被疑者が逮捕された場合の打撃を少なくするために、弁護人が活動をすることが考えられます。

　逮捕に備え混乱を避けるために、家族や職場に事前に知らせておく、当面の予定をキャンセルしておく、報道された場合に備え報道機関への対応を検討しておく、などの行為により、いたずらに被疑者の生活が破壊されることを防ぐことができます[45]。

(4)　痴漢が疑われているケース

具体的事例

　痴漢を疑われ、駅で駅員に取り押さえられ（もしくは事実上の拘束をされ）、その時に弁護士に依頼をするケースがあります。

採るべき対応、弁護活動のポイント

　被疑者は、現場から逃走を図るべきではありません。弁護人も被疑者に対してはそのように指示すべきでしょう。仮に逃走しても一時的には逃れられるかもしれませんが、駅構内等には防犯カメラが

45　被疑者が逮捕された事実を就業先（就学先）に告知した場合に、本来逮捕の事実のみをもって懲戒処分をすることはできないはずですが、事実上の不利益処分を受ける可能性があります。そこで、身体拘束からの早期解放を目指すことができる事案においては、家族から逮捕の事実を伏せた形で就業先（就学先）に出勤（出席）できない旨を連絡してもらう場合もあります。

設置されているケースが多く、目撃者が数多く存在し、かつ、交通系 IC カードが普及していることに伴い、結局逃走者が特定され、逃れ切ることができないケースが大半です。

そして、逃亡を図ったことが勾留の適否を争う段階において、不利な事情となってしまいます。

弁護士としては、まず急いで現場に急行し、被疑者や警察官と会話していくことが必要です。その中で、あくまで任意捜査であるため、捜査に応じる義務がないことを主張していく必要があります。

3　自首に関する弁護活動

(1)　自首とそのメリット

　罪を犯した者が捜査機関に発覚する前に自首したときは、その刑を減軽することができる（刑法42条1項）とされています。

　自首をした場合には、必ず刑が減軽されるわけではありませんが、一定程度減軽されるケースが多いのが現実です。また、自首している場合には、捜査機関が犯罪を覚知する前に自ら捜査機関に罪を申し出て出頭しているわけですので、自首していることそれ自体が罪証隠滅のおそれや逃亡のおそれを否定する要素になります。

　そこで、自首をすることにより、身体拘束を回避することができる効果が期待できます。残念ながら、我が国では逮捕された事実が（実名）報道され、一種の社会的制裁となってしまっている側面があります。身体拘束の可能性を低くし、かつ、実名報道の可能性を低くするためには、自首をすることが1つの手段となります。

(2)　自首を目指すべき場合

　自首は、犯罪事実を申告して出頭することですので、犯罪の成立を否定したり争ったりする事案は、自首には適しません[46]。自首することに適している事案は、大きく分けて以下の4つの類型を挙げ

46　事実関係を争っている場合には自首は成立せず、仮に公判段階で主張したとしても、自首の成立が否定されてしまいます。

ることができます。

① 証拠構造から、犯罪事実の発覚の可能性がそれなりにある場合、発覚するのが時間の問題である場合、既に発覚している可能性がある事案（争いのない事案であることが前提）

　いずれ発覚するのであれば、先に自首をして刑が減軽される確率を上げることが被疑者にとって最良の結果となるケースがあります。

② 仮に送致された場合に、検察官が公判請求をするか、あるいは不起訴処分（起訴猶予）とするかが微妙な事案の場合（争いのない事案であることが前提）

　送致された場合に、公判請求されるか執行猶予が付されるか微妙な事案の場合には、自首をしたことが評価され、公判請求を回避することができる可能性が生じます。

　公判請求され前科がついてしまうと、渡航できない国が生じたり、取得することができない資格が生じたりする可能性があります。また、有罪となった場合、就職先から懲戒処分を受ける可能性もあります。このようなデメリットを回避するために自首することが最良の選択となる場合があります。

③ 有罪判決となった場合に、自首をしない場合に実刑判決となる可能性が高いが、自首をした場合に執行猶予付の判決がなされる可能性がある場合（争いのない事案であることが前提）

　有罪判決となった場合に実刑判決となるか執行猶予が付されるか微妙な事案の場合には、自首をしたことが評価され、実刑判決を回

避することができる可能性が生じます。

④　身体拘束からの早期解放を目指すことができる事案

　自首をすること自体が罪証隠滅のおそれ、逃亡のおそれがないことを裏付ける事情となりますので、身体拘束を回避することができる可能性が高まります[47]。

(3)　自首が成立しない場合にも一定程度の効果が期待できること

　せっかく自首をしたとしても、既に捜査機関に発覚していた場合などには自首は成立せず、事実上出頭しただけの取扱いとなってしまいます。しかし、この場合であっても、自ら罪を認め出頭した事実は変わりませんので、罪証隠滅のおそれ、逃亡のおそれがないことに変わりはありません。弁護人は、被疑者が事実上出頭したことを、身体拘束からの早期解放に向けた活動において積極的に主張していく必要があります。

　なお、事実上出頭したことが、公判において情状の一事情として考慮されるケースもあります。したがって、法律上の自首が成立しない場合であっても、事実上出頭したことを弁護人は公判段階においても主張する必要があります。

(4)　自首する場合の手続

　自首をする場合には、事前に弁面調書や上申書を作成し、時系列

47　自首をすることにより逮捕されないで在宅送致される可能性が高まりますし、逮捕されたとしても、身体拘束からの早期解放を勝ち取ることができる確率が上がります。

に沿った形で事実経過がわかるようにしておく必要があります[48]。また、自首と同時に、証拠品を任意提出することができるよう関係する証拠品[49]をあらかじめ確保しておく必要があります。

　自首する際には、弁護人選任届、身元引受書[50]、（被疑者、身元引受人それぞれの）身分証明書の写しを併せて持参するべきです。

　自首する前には、必ず当該事件の犯罪地を管轄する警察署を選び、事前に電話にて自首をしたい旨を相談し日時を調整すべきです[51]。アポイントなしに平日夕方や土日祝日に警察署を訪れても、担当部署が出払っていて誰も対応できないので平日昼間に出直してほしい、と言われてしまうことがよくあります。平日昼間であっても、担当部署で業務が立て込んでいる場合には、やはり出直すよう求められてしまうことがあります。そのため、自首を急いでいる場合であっても必ず事前の調整をするべきです。

48　犯罪捜査規範63条1項、同64条1項には、自首があった場合の受理義務、調書作成義務などが定められていますが、実際には、自首の受理を拒否されることもありますし、調書作成が後日になることもあります。捜査機関に自首した事件の概要を速やかに把握してもらうためにも、わかりやすい弁面調書、上申書を作成しておくのがよいでしょう。

49　特に携帯電話や通帳など

50　身体拘束される可能性を低くするために身元引受書を提出しておく必要があります。

51　いつ自首の申し出をしたかが自首の成否に影響を及ぼす可能性がありますので、申し出た際の状況を録音しておくなど、証拠化しておく必要があります。

第3章

身体拘束からの早期解放に向けた
勾留質問日までの弁護活動
（勾留決定回避に向けた弁護活動）

1　黙秘と身体拘束からの早期解放

　近年、身体拘束からの早期解放をすべき必要性が高まっていますが、他方で、一定の事件では、安易に身体拘束からの解放の活動をするのではなく、黙秘権を行使し、被疑者の不起訴、無罪を目指す弁護活動をすることが求められます。

　黙秘をすべきか、身体拘束からの早期解放を目指す弁護活動をすべきか、初回接見の際にある程度の見極めが必要となります。また、初回の接見のみでいずれかの判断をすることが難しい場合もあります。その場合には、逮捕から勾留決定後の準抗告期限まで最大7日間の猶予がありますので、その間ひとまず黙秘を継続し、事案の見極めをすることも検討すべきでしょう。

　本章では、黙秘の選択をしなかった場合に、どのように身体拘束からの解放を目指すべきかについて述べていきます。

2　早期の初回接見を 実現する！

　弁護人が選任されていない逮捕初期の段階で、詳細な供述調書が作成されてしまうことがままあります。弁護人は、一刻も早く接見し、様々な事情を聴取し、①黙秘権を行使すべきか否か、②身体拘束からの早期解放を目指す活動をすべきか否かを決定しなければなりません。

　そして、②の場合には、様々な活動を短い期間の間にする必要があります（勾留決定回避のための活動をする場合には、弁護人は遅くとも、勾留質問日までに身元引受人に連絡をとり、身元引受書及び身分証の写しを受領し、それらの書面を勾留請求をしないよう求める意見書や勾留請求の却下を求める意見書に添付し、提出する必要があり、非常にタイトなスケジュールとなるからです。これらの作業を勾留質問日までの短い期間に効率的に行うためには、弁護人は早急に被疑者と接見し、身元引受人の候補者の情報について聞き出さなければなりません）。

　したがって、当番弁護士の派遣要請を受けて接見に行く場合には、遅くとも、派遣要請を受けてから数時間以内に接見をする必要があります[1,2,3]（もちろん、当番弁護士の場合以外であっても、早期に接見をすべきことに変わりはありません）。

　当番派遣の要請後、当日中に接見をしたとしても、深夜に接見し

1　被疑者が取調べを受けるために留置施設を不在にしていることや、当番弁護士派遣連絡票の記載内容が誤っていることもあるので、接見に赴く前に留置施設に被疑者の在所の有無を電話で確認しておくのがよいでしょう。

たのでは、その日のうちに身元引受人に連絡をとることができる可能性が低くなり、その分、勾留質問の日までに身元引受人を確保することができる可能性が低下してしまいます。だからこそ、初回接見はできる限り速やかにしなければならないのです。

■図表 3-1　被疑者弁護活動の流れ

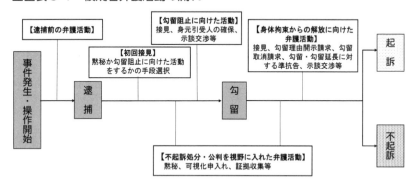

2　弁護人は、夜間・休日であっても留置場にいる被疑者といつでも接見することができます（憲法 34 条、刑事訴訟法 39 条 2 項、刑事被収容者処遇法 22 条 3 項参照）。他方で、接見室が 1 つしかない警察署も多く、他の弁護人が先に接見をしていると、長時間待たされることもままあるので、時間に余裕をもって接見に行くのがよいでしょう。

3　弁護人や被留置者には接見交通権が保障されており、いつでも接見をすることができます。しかし、留置施設では、少ない人員で点呼、入浴、食事、健康診断、就寝準備、押送・逆送の準備、新入り検査など、様々なことが行われており、弁護人が接見に訪れた際にこれらの行事を理由に接見の受付業務を断られることがあります。急を要する場合には、接見交通権を理由に、直ちに接見を実現するよう強く抗議する必要があります。あらかじめ、こうした行事の行われている時間帯を避けて接見に赴けば比較的スムーズに接見をすることができます。効率的な弁護活動をするためには、こうした工夫が必要なこともあります。

■図表 3-2　身体拘束からの早期解放を目指す場合のスケジュール例

日	月	火	水	木	金	土
1	2	3	4	5	6	7
				逮捕	勾留請求 検察官に面会・ 意見書提出	勾留決定 裁判官に面会・ 意見書提出
8	9	10	11	12	13	14
		準抗告期限		検察官に 意見書提出		勾留満期の処分 裁判官に 意見書提出
15	16	17	18	19	20	21
勾留満期日			勾留延長に対す る準抗告期限			
22	23	24	25	26	27	28
			勾留延長満期日			

■図表 3-3　当番弁護士の配点を受けた後の手続の流れ

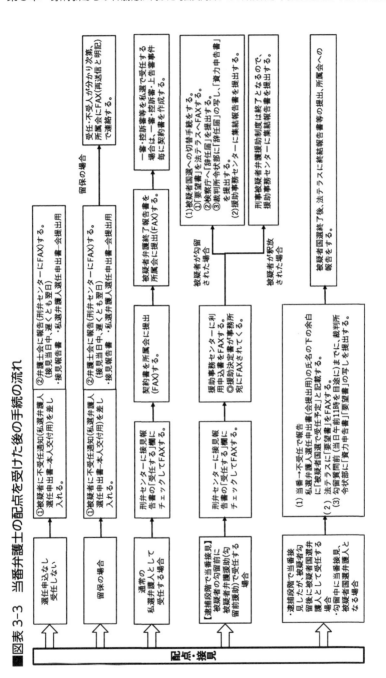

3　初回接見前の準備

　当番弁護士として派遣される場合のように、事前に罪名がわかっている場合には、構成要件法定刑を確認し、かつ、量刑傾向が書かれた書籍[4] を閲覧しておくとよいでしょう。被疑者の知人や親族が当番弁護センターに当番弁護士の派遣要請をした場合には、当該人物の連絡先が当番弁護士配点連絡票に記載されていることがあります。その場合には、初回接見前に当該人物に連絡をとり、事案の概要を把握しておけば、効率的に初回接見をすることが可能となります。

　当番弁護士以外の者から依頼を受け初回接見に臨む場合には、依頼をしてきた人物がある程度事件の概要を知っているケースが多いので、事前にある程度事案の概要を聴取しておくべきです。ただし、この場合には、被疑事実や罪名などがあいまいであったり不正確であったりする場合が多いですから、様々な可能性を考慮しつつ初回接見に臨む必要があります。

4　例えば、第一東京弁護士会刑事弁護委員会編「量刑調査報告集Ⅴ」第一東京弁護士会（2015 年）

4　初回接見の際の持ち物

(1)　初回接見の際の持ち物リスト

初回接見の際には、以下の物品を持参するのがよいでしょう。

① 名刺

② 弁護士バッジか弁護士会発行の身分証明書

③ 職印

④ 筆記用具、ノート、メモ帳等

⑤ 被疑者ノート

⑥ 誓約書

⑦ 紙（白紙）

⑧ 地図（もしくは地図を検索することのできる媒体）

⑨ カメラ、IC レコーダー（もしくは、それらの機能を備えた媒体）

⑩ 弁護人選任届

⑪ 委任契約書

《当番弁護士として派遣された場合》

⑫ 当番弁護士配点連絡票

⑬ 不受任通知書（私選弁護人選任申出書）

⑭ 国選弁護人選任請求書・資力申告書

⑮ 刑事被疑者弁護援助利用申込書

(2) 持ち物リストの説明

① 名　刺

　名刺は、被疑者に自身の氏名・連絡先等の情報を教えるために差入れを行う必要があります。

　初回接見では、被疑者に説明しなければならないこと、聞かなければならないことがたくさんあります。少しでも説明にかける時間を節約することができるよう名刺を持参するのがよいでしょう[5,6]。

② 弁護士バッジ、身分証明書

　接見前に留置場において身分確認のため提示を求められるため、必要となります。

③ 職　印

　職印は、被疑者への差入れ・被疑者からの宅下げ[7] 等の書類作成に必要となります[8]。

④ 筆記用具、ノート、メモ帳等

　筆記用具、ノート、メモ帳等は、被疑者から聴取したことを記録するために必要です。ノートと筆記用具の代わりに、ノートパソコンを持参して使用することも可能です[9]。

5　ときには、弁護人が連絡を取る前に被疑者の知人が被疑者に接見に赴き、弁護人の連絡先を被疑者に聞くことがあります。こうしたときに、被疑者に名刺を差し入れておくことで、被疑者が知人に対して弁護人の情報を伝えやすくなるというメリットもあります。
6　外国人被疑者にも読むことができるようにするため、英語表記が併記された名刺を持参するのがベストです。
7　被疑者に物品・書類を渡すことを「差入れ」、被疑者から物品・書類を受け取ることを「宅下げ」といいます。
8　職印がない場合には指印で代替可能です。

⑤　被疑者ノート（日弁連発行）

　複雑な事件、否認事件、黙秘を選択した事件等で、差入れし活用するとよいでしょう。被疑者ノートは、被疑者に取調べ状況・内容等を記録してもらうことにより、虚偽自白や違法取調べを防ぐ効果があります。被疑者ノートを用いて、のちに供述調書の信用性を争う証拠とすることもできます。被疑者ノートを弁護人が見ることにより、捜査の状況や被疑者の主張の概要を把握することも容易になります[10]。

　なお、被疑者ノートは弁護士会で配布しており、日弁連のホームページからダウンロードすることができます。

⑥　誓約書

　誓約書は、罪証隠滅の意思がないこと、逃亡の意思がないことをアピールするために、被疑者に差し入れ、署名・指印をもらうものです。誓約書の記載事項については、第７章の書式集をご参照ください。

　身体拘束からの早期解放を目指すことのできる事案では、必ず裁判所や検察官に提出する意見書、準抗告申立書などに添付する必要があります。予め書式を持参するのが幸便です。

⑦　紙（白紙）

　紙は、弁面調書を作成したり、被疑者に差し入れて供述書、謝罪

9　警察署によっては持込みしないように要請されることがありますが、パソコンの使用も接見に密接不可分な行為として接見交通権の保障を受けるため、そのような要請を受けた場合には、警察に対して抗議しましょう。

10　単に被疑者ノートを差入れして、書き方などの指導をせずに被疑者に渡しておくと、筆まめではない被疑者の場合、正確に記載しなかったり、記載を怠ったりするなどして、証拠として活用することが困難となってしまう場合があります。弁護人はこまめに接見し、こまめに被疑者ノートの内容を確認し、正確にこまめに書くよう指導する必要があります。

文、事件の起きた場所の地図、事件当時の関係者の位置関係図など
を作成したりする場合に備えて準備しておくとよいでしょう[11、12]。

⑧ 地図（もしくは地図を検索することのできる媒体）

　地図（もしくは地図を検索することのできる媒体）は、犯行場所
の特定、被疑者の記憶の喚起、逮捕前後の状況の把握をするのに必
要です[13]。

　記憶力は人により様々であるため、被疑者の中には、犯行場所や
逮捕前後の状況をはっきり覚えていない方もいます。また、薬物や
飲酒の影響で、断片的にしか記憶がない方もいます。

　このような場合には、被疑者の断片的な記憶をもとに犯行場所を
特定し、逮捕前後の状況について被疑者にできる限り記憶を喚起し
てもらう必要があります。

　例えば、地図を確認することにより、被疑者の視界に入っている
はずの建物、人などの情報を把握することができ、被疑者の供述の
合理性・不合理性を早期に弁護人が把握することが可能となりま
す。

11　ときには、違法捜査が行われた証拠として活用するため、接見時に被疑者に
　紙を差し入れ、その紙に供述書を作成してもらった後、宅下げを受け、郵便
　局にて日付印を押印してもらうことが有効になることがあります。これによ
　り、初期の被疑者の主張内容を証明することが可能になります。
12　紙の代わりにノートを被疑者に差入れしようとする場合に、差入れを拒絶さ
　れることがあります。この場合には、コンビニなどで便せんを購入し差し入
　れるのがよいでしょう。
13　犯行場所を正確に把握しておくことにより、現地を訪れなくても、グーグル
　マップのストリートビュー機能を活用し、犯行場所近辺に防犯カメラが設置
　されているか否かを瞬時に知ることが可能です。犯行場所近辺に防犯カメラ
　が設置されている場合には、捜査機関は、当該防犯カメラ映像の差押えもし
　くは任意提出を受け、当該映像を確保することが予測されます。このような
　場合には、相対的に罪証隠滅のおそれが低下しますので、勾留回避に向けた
　活動の成果が出やすくなります。

また、接見後に現地調査を行う際にも犯行現場の確認は重要です。

⑨　カメラ、IC レコーダー（もしくは、それらの機能を備えた媒体）

カメラ、IC レコーダー（もしくは、それらの機能を備えた媒体）は、逮捕時に怪我をしたという被疑者を撮影したり、責任能力に疑いがある被疑者の話を録音したりするなど接見時に必要となる場合があります[14]。

※　面会室内における電子機器の持込み、使用、利用について

警察署によっては、面会室内での電子機器の持込み、使用、利用を制限されることがあります。しかし、面会室内でのパソコンの使用、デジタルカメラでの撮影、また、IC レコーダー等による録音は接見に密接不可分な行為として接見交通権の保障を受けます。弁護人としては、警察官のこのような要請に対しては、ひるむことなく抗議する必要があります[15]。

---

⑩から⑮は、弁護人の選任にあたって必要な書類です。

14　公訴提起前の証拠保全の手続（刑事訴訟法 179 条参照）を活用すれば、被疑者の怪我の状況などを早期に証拠として確保することが可能となります。しかし、「あざ」「すり傷」など逮捕後すぐに消えてしまう可能性のある証拠について、同手続を使用していたのでは、証拠が保全できないケースもあります。そうしたケースでは、接見室内での撮影、IC レコーダーの使用などを検討する必要があります。

15　詳細は、「面会室内への電子機器の持ち込み・使用・利用について〔資料集〕」日本弁護士連合会（2016 年）をご参照ください。

> ※　選任について必要な書類
>
> 　被疑者に資力があり私選弁護契約を締結する場合や、被疑者以
> 外の者が私選弁護費用を捻出し私選弁護契約を締結する場合に
> は、⑩弁護人選任届、⑪委任契約書を持参し、被疑者の署名・指
> 印をもらう必要があります[16,17,18]。

　当番弁護士として逮捕段階の被疑者の接見に赴いた場合で、被疑
者に資力がなく、かつ、勾留決定前の段階であれば、⑩弁護人選任
届に加え、⑮刑事被疑者弁護援助利用申込書を持参し、それぞれ被
疑者の署名・指印をもらう必要があります。

　このような場合に被疑者が勾留された場合には、被疑者国選に切
り替える必要があるので、⑭国選弁護人選任請求書・資力申告書に
署名・指印をもらう必要あります。また、その場合には、⑬不受任

16　静岡県などの一部の県を除き、大半の都道府県において、弁護人選任届には
　被疑者本人の署名・指印に加え、留置係官が記載する「指印証明」がなけれ
　ば、検察庁や警察署において、弁護人選任届を受理してもらえない運用となっ
　ています。

17　弁護人選任届は、「当該被疑事件を取り扱う検察官または司法警察員」に提出
　する（刑事訴訟規則17条）こととされています。送検前は捜査の担当部署に
　問い合せて提出先を聞き、担当の司法警察員に提出します。送検後は担当の
　検察庁に提出します。簡易裁判所の事物管轄（裁判所法33条）により地検か
　区検か提出先が変わりますので注意が必要です。

18　送検前に担当の司法警察員に弁護人選任届を提出しようとする場合、警察署
　では、弁護人選任届を受理した経験のある司法警察員が少ない影響からか、
　対応を確認するためにしばしば長時間待たされることがあります。また、弁
　護人選任届を提出しようとした時刻が土日や深夜帯の場合には、担当の司法
　警察員が不在にしていて、やはり対応を確認するため長時間待たされること
　があります。弁護活動を急ぐ場合には、こうした対応にひるまず司法警察員
　に弁護人選任届を提出すべきです。他方、そこまで緊急性のない場合や、送
　検まで間がない場合には、無駄な待ち時間を省くためにも、送検後に検察庁
　に弁護人選任届を提出するのがお勧めです（検察庁が弁護人選任届の受理を
　渋ったり対応確認のために長時間待たせることは原則ありません）。

通知書（私選弁護人選任申出書）に不受任を記載して被疑者に交付することが国選弁護人請求の前提となることがあるため、同書面も持参する必要があります。なお、詳細については、各々の弁護士会において確認するのがよいでしょう。

5　初回接見の際に説明すべきこと

　初回接見の際には、少なくとも以下のことについて説明する必要があります。検察や警察から以下のことについて十分な説明を受けていない場合もありますし、検察や警察から説明を受けていたとしても被疑者が十分に理解できていない場合も少なくありません。したがって、初回接見の際には、被疑者がわかるように丁寧な説明を行う必要があります。

- 今後の刑事手続の説明（勾留期間の見通し、想定される刑事処分・保護処分[19]の例示、起訴・不起訴・略式手続の可能性）
- 黙秘権等の権利の説明（特に、意に沿わない調書への署名・押印拒否が被疑者の権利であることをくどいくらいに説明する必要があります）
- 弁護人についての役割の説明、その事案でどのような弁護活動をすることが可能かについての説明
- 身体拘束からの早期解放に向けた活動をする場合にはその内容
- 今後の行政処分[20]等の可能性の説明

19　少年被疑者の場合には、全件送致であること、家裁送致後観護措置が採られる可能性があること、観護措置の期間、想定される保護処分の可能性などを伝えるべきでしょう。

20　刑事処分と行政処分の違いや意味を理解していない被疑者もいますので、刑事処分とは別に行政処分を受ける可能性があることを説明する必要があります。交通犯罪の場合に免許取消・免許停止の可能性があること、外国人被疑者の場合には退去強制手続、在留許可取消処分などの行政処分を受ける可能性があることや、入国管理局に拘束される可能性があることなどを伝えるべきでしょう。

6　初回接見の際に聴取すべきこと

　初回接見の際には、事件の見通しを立て、かつ、黙秘権を行使すべきか身体拘束からの早期解放に向けた活動をすべきかの方針決定をするために、以下の事項を聴取することがよいでしょう。

(1)　被疑者の属性

　①　住所・居所

　②　単身者か否か

　③　就業先（就学先）の有無

　④　国籍、在留資格の有無・内容

　⑤　その他

(2)　被疑事実の把握

　①　罪名・罪質

　②　前科前歴の有無

　③　認否

(3)　証拠構造の把握

　①　客観的証拠の有無

　②　被害者・目撃者の有無ないし関係性

　③　共犯者の有無ないし関係性

　④　自白調書の有無

(4)　逮捕に至る経緯

　①　現行犯逮捕か否か

　②　逮捕時に逃亡を図ったり証拠を隠滅しようとしたりした行動があったか

　③　逮捕前後に違法な捜査が行われていなかったか

④　自首や出頭がなされたか
(5)　情状に関係する事実
　①　（同種）前科前歴の有無
　②　（同種）余罪の有無
(6)　身元引受人の有無
(7)　被疑者の心情
(8)　勾留により被疑者に生じる不利益の有無等

(1)　被疑者の属性

①　住所・居所

　定まった住所がない場合には、刑事訴訟法60条1項1号に該当し、勾留の要件が充足されてしまいます。

　しかし、定まった住所がない場合であっても、身元引受人が確保でき、今後居住することができると見込まれる場所が確保できれば、同号該当性なしとして、勾留請求が却下されるケースもあります。

　被疑者に定まった住所があったとしても、逮捕時に身分証明書を所持しておらず、かつ、泥酔していたり、薬物の影響で正常に会話ができなかったりする場合などに住居不定と扱われてしまう場合があります。

　また、被疑者が外国人で日本語に堪能ではない場合にも、自らの住所・居所を説明することができなかったがために、住居不定と扱われてしまう場合もあります。このような場合には、被疑者に定まった住所があるにもかかわらず、住居不定として不必要な勾留がされてしまう可能性があるので注意が必要です。

　そのような事態を防ぐためには、弁護人は被疑者から外部にいる知人の連絡先の情報や、住所・居所を特定するための情報を聞き出し、住所の記載された身分証明書を確保するなどして、早期に住所・居所を特定することができるよう努力する必要があります[21]。

②　単身者か否か

　身体拘束からの早期解放を目指すためには、身元引受人から身元引受書を受領する必要があります。

　監督能力・監督の実効性を考慮すると、被疑者と同居する家族、パートナー、知人から身元引受書を受領するのがよいでしょう。他方、同居する者がいなくても、できるだけ近くに居住している家族、パートナー、知人などに身元引受人をお願いするのがよいでしょう。

　他方、同居する者が被害者、目撃者、共犯者の可能性がある場合には、その被疑者が自宅に帰れば同居する者と罪証隠滅をするおそれがあると判断され、そのまま勾留請求が認容されてしまう可能性が高くなってしまいます。そのような事態を避けるためには、被疑事件の終局処分が出るまでの間、被疑者を別の場所に居住させるなど、その者と被疑者を隔離する措置を講じる必要があります。

③　就業先（就学先）の有無

　被疑者に就業先（就学先）があるか当該就業先（就学先）でどのような立場にあるかは、勾留回避に向けた活動をする場合には非常に重要な要素といえます。

　仮に被疑者に就業先がある場合に逃亡をすると、被疑者は職を失い、被疑者の生活に支障を生じることになります。被疑者が就業先で担っている立場によっては、被疑者が逃亡することにより就業先が負う損失が大きくなるため、逃亡することが懲戒処分の対象となりやすくなります。さらに、被疑者に同居人や家族がいる場合に

21　被疑者の住居が定まっていない場合であっても、今後の住所・居所を確保し、身元引受人が被疑者を同所に居住させることを誓約した場合には、住所・居所があるものとしてとして取り扱われ、勾留請求が却下されるケースがあります。そのため、住所・居所がないからといって、安易に弁護人は勾留回避に向けた活動をあきらめるべきではありません。

は、それらの人物の生活にも支障が生じることになります。そのため、勾留回避に向けた弁護活動を行うにあたっては、そのようなリスクを冒してまで逃亡を図るメリットがないと主張することとなります。

　被疑者に就学先がある場合も同様です。被疑者に就学先がある場合、被疑者が逃亡をすると、進学ができなかったり退学となってしまったりする可能性が生じます。そのため、勾留回避に向けた弁護活動を行うにあたっては、そのようなリスクを冒してまで逃亡するメリットがないと主張することとなります。

　したがって、弁護人は、勾留回避に向けて被疑者の就業先・就学先と、就業先・就学先における立場の把握に努める必要があります[22]。

　なお、裁判官からすると、弁護人や被疑者が主張する被疑者の就業先（就学先）が実在する法人・団体であるか、被疑者が当該法人・団体内部でどのような立場にあるかがわからなければ、逃亡のおそれの有無については判断しにくいものです。

　そこで、弁護人としては、勾留質問日までに被疑者の就業先（就学先）が実在する法人・団体であることを裏付ける資料[23]、被疑者が当該法人・団体に在籍し、かつ、その中でどのような立場の人物であるのかを裏付ける資料を収集し、可能であれば勾留請求の却下を求める意見書に添付するのがよいでしょう[24]。

---

22 被疑者が公務員の場合は、就業先・就学先の把握、当該被疑者の地位等の把握が容易ですし、公務所の当該被疑者への監督も一定程度期待できます。被疑者が公務員の場合、他の職業の場合と比較し勾留請求が却下される可能性が高いといえます。

23 被疑者の就業先が実在することを裏付ける資料の例としては、被疑者の勤務先の会社の登記簿謄本の写し、ホームページの写し、SNS のスクリーンショット、当該会社の営業資料の写し、予約メモ、日報などが挙げられます。

④　国籍、在留資格の有無・内容

　被疑者が外国籍の場合、日本人と比べて出国する可能性が高いと評価されてしまうため、勾留請求が認容されてしまう可能性が高いといえます。

　他方、被疑者が永住者・定住者である場合[25]や、被疑者が日本に入国してからの滞在歴が比較的長く、生活の本拠を日本に置いているような事情[26]があれば、出国する可能性が高いとはいえず、その場合、外国人であることが勾留回避に向けてそれほど不利な要素とはなりません[27、28]。

⑤　その他

　被疑者が未成年であるか高齢であるか、持病があるか、体調に問題があるかなどの事情も勾留の要否に影響します。これらの事情

---

[24] 被疑者が当該会社・団体（学校）に在籍していること、またどのような立場であるかを裏付ける資料の例としては、社員証、健康保険証、名刺、給与明細、雇用契約書、勤務日程表、学生証などが挙げられます。これらの資料については、被疑者の同居者、交際相手、親族、会社の同僚等から勾留質問の日までに送付してもらう、もしくは被疑者が留置施設において保管中のそれらの書類を預かるなどして取得することが考えられます。

[25] 被疑者の在留資格や在留期限は、勾留回避に向けた活動をするためには必ず確認する必要があります。被疑者が在留資格や在留期限をはっきり覚えていない場合には、パスポートや在留カードの宅下げを受け、内容を確認しておく必要があります。

[26] 被疑者の家族全員の身元引受書を提出するほか、就業先関係者の身元引受書を提出するなどすれば、被疑者が生活の本拠を我が国に置いていることを裏付けることができるでしょう。

[27] 筆者は、本邦滞在歴わずか1年の被疑者について、当該被疑者の家族が多数日本に居住し被疑者と同居していること、被疑者が本邦で仕事を有していること、などの事情を主張し、勾留請求却下を勝ち取ったことがあります。

[28] 筆者は、本邦滞在歴1年未満の外国人男性が元々職場の寮に居住していて、職場の経営者に暴行をした疑いで逮捕された事件で、かつ、被疑者は否認をしていた事件を担当したことがあります。元の職場や寮に戻ることが困難なケースでしたが、身元引受人や代わりの住まいを確保することができ、勾留請求却下を勝ち取ったことがあります。

は、罪証隠滅の可否、逃亡の可否に影響を及ぼす事情であるため、弁護人は忘れずに丁寧に聞き取る必要があります。

(2)　被疑事実の把握

①　罪名・罪質

　殺人、放火などの重大犯罪の場合には、勾留は不可避ですし、黙秘をすべき場合であるといえます。認めても起訴されることが不可避な事案の場合にもまた黙秘をすべきですし、勾留は避けられないケースが大半といえます。

　他方、終局処分が起訴猶予ないし罰金にとどまる可能性が高い罪名・事案の場合には、罪証隠滅を図る動機・逃亡を図る動機は相対的に低くなるため、勾留請求が却下される可能性が高まります[29]。

　また、終局処分が、執行猶予付の懲役刑・禁固刑が想定される場合についても、罪証隠滅を図る動機・逃亡を図る動機は相対的に低いといえるため、勾留回避に向けた活動を試みる価値は十分にあるといえるでしょう[30]。

　したがって、被疑事実が比較的軽い終局処分が想定される罪名の場合には、弁護人は、身体拘束からの早期解放が可能な事案か否かを検討すべきでしょう[31]。

29　例えば、法定刑の比較的軽い、器物損壊、公然わいせつ、わいせつ物陳列、住居侵入、暴行、（比較的軽微な）銃刀法違反、迷惑防止条例違反、暴力行為等処罰の防止に関する法律違反、公務執行妨害などの事案。脅迫、窃盗、傷害などの罪名であっても勾留請求が却下される可能性は十分にあります。

30　ただし、黙秘をすることが相当な事案もありますので、個別の事案ごとに慎重に検討する必要があります。

31　強制わいせつ、強盗などの罪名であっても勾留請求が却下された事例があることが報告されています（日弁連第14回国選シンポジウム基調報告書資料1－⑥（埼玉）全件運動結果報告書、同資料2－③（千葉県）身体拘束からの解放促進運動アンケート結果参照）。弁護人としては、罪名だけで勾留回避に向けた活動をあきらめない姿勢が大切でしょう。

②　前科前歴の有無

　前科前歴の有無が罪名に影響し（常習累犯窃盗、常習賭博罪等）、終局処分の軽重にも影響を与える可能性があります。そのため、前科前歴の有無・内容は必ず聴取するようにすべきです。

③　認　否

　自白事件と否認事件とを比較すると、圧倒的に否認事件のほうが罪証隠滅のおそれが大きいとして、勾留請求が認容される可能性が高くなります。また、否認事件の場合には、黙秘をすべき事案が大多数を占めます。

　他方、否認事件＝罪証隠滅のおそれが大きいわけではなく、否認事件であっても、否認の内容や証拠構造などにより、罪証隠滅の現実的可能性が乏しければ、勾留請求が却下されるケースがあります。

　否認事件の場合に、黙秘を継続するか、身体拘束からの早期解放に向けた活動をするかは弁護人によって判断が分かれるところです。慎重に検討する必要があります。

　否認事件であっても、罪証隠滅の現実的可能性が低いとされるケースには、以下に紹介するようにいくつかのパターンがあります。弁護人には、否認事件だからといって勾留回避に向けた活動をあきらめるのではなく、被疑者の主張に耳を傾け、罪証隠滅の現実的可能性の有無をつぶさに検討する姿勢が必要です。

・**行為の外形を争っていない場合**

　　行為の外形を争っていない場合（例えば、故意を否認している場合）には、行為の外形について被疑者に罪証隠滅を図る動機・メリットはなく、罪証隠滅の現実的可能性が低いといえるでしょう。

・**証拠構造**

　　防犯カメラ、ドライブレコーダーなどに事件の様子が録画され

ている場合で、それらの映像を捜査機関が入手している場合には、被疑者に罪証隠滅を図る動機・メリットはなく、罪証隠滅の現実的可能性は乏しいといえるでしょう。

　例えば、公務執行妨害の事案で事件現場に多数の警察官がいた場合などには、罪証隠滅の現実的可能性はあまりないといえます（一般人が公権力を有する警察官の身元を独力で洗い出し、個別に罪証隠滅を働きかけることなど、現実的には困難です）[32]。

・**捜査の進捗状況**

　捜査が進捗しており、捜査機関が相当程度の証拠を保有している場合もまた罪証隠滅の現実的可能性が低いといえます。

・**被害者・目撃者と接触の図りようがない場合**

　被疑者と被害者・目撃者の間に面識がなく、連絡先を把握していない場合には、現実的に被疑者が被害者・目撃者と接触を図ることは困難といえ、罪証隠滅の現実的可能性は低いといえます。

　このように否認事件であっても、否認の理由・内容によっては、勾留回避をすることができる事案があるため注意が必要です。

(3)　証拠構造の把握

①　客観的証拠の有無

　被害者・目撃者の存否、証拠隠滅が不可能な事案であるか（事件現場に防犯カメラが設置されている場所であるか否か）、捜査機関が証拠を既に保全・保有している事案であるか等の事情を確認する

32　筆者は、泥酔した被疑者が飲食店内で暴れ、臨場した警察官に暴行を加えた公務執行妨害事件の弁護人（勾留後から）をしたことがあります。被疑者は飲酒の影響で暴行の事実を覚えておらず否認を継続していましたが、証拠構造からすると罪証隠滅のおそれがないことなどを指摘し準抗告をしたところ、準抗告が認容され、受任後直ちに被疑者は釈放されました。

必要があります。これは、被疑者が罪証隠滅を図る客観的可能性があるかを考えるにあたって重要な要素となります。

②　被害者・目撃者の有無ないし関係性

　被害者・目撃者が顔見知りか否か、被害者の住所や氏名を把握しているか否か、被疑者が被害者の人相風体を覚えていないなどの事情があるかどうかを聞く必要があります[33]。

　これは、被害者や目撃者の情報、連絡先を把握していなければ、被疑者本人がそれらの人物に接触を図り罪証隠滅を図ることは困難であるといえ、被疑者には罪証隠滅を図る客観的可能性が低いといえることになるからです[34]。

　他方、被害者や目撃者の情報、連絡先を把握している場合には、早期に示談を交わすことができないか検討するべきでしょう。早期に示談を取り交わすことができれば、罪証隠滅・逃亡の動機に欠けることとなりますし、そもそも勾留の必要性がなくなります。

③　共犯者の有無ないし関係性

　共犯者がいる事件の場合、共犯者との口裏合わせをすることができる可能性があるため、単独犯の場合と比べて勾留請求が認められる可能性が高いといえます。

　もっとも、仮に共犯者がいるケースであっても勾留回避をあきらめてはいけません。共犯者と接触しないよう被疑者に誓約書を書かせたり、身元引受人を確保したりするなどの罪証隠滅のおそれを軽減させる措置を講じることができれば、勾留を回避することができ

33　被害者や目撃者が被疑者と面識のない警察官である場合などには、罪証隠滅の客観的可能性は低いといえるでしょう。

34　たまたま居合わせた被害者を相手とする迷惑行為防止条例違反（痴漢）事件、暴行事件、傷害事件などは、被疑者にとって被害者の個人情報を知る方法はほとんどなく、罪証隠滅の客観的可能性は低いといえます。

るケースもあります。

④ 自白調書の有無

　既に罪体の全部または一部について自白調書が作成されている場合には、被疑者が捜査機関に働きかけをした自白調書を撤回させることなどは考えられませんし、自ら自白した内容について被害者らに働きかけをして供述を変えさせる動機に欠けることとなります。

　また、自白はしていないものの、事件の際現場にいたことなど、罪体の立証に関連する重要な事情を捜査機関に供述し、供述調書が作成済の場合には、少なくとも当該調書に記載された内容については罪証隠滅の動機に欠けることになります。

　このように、既に調書が作成済の場合には、その内容を被疑者から聴取し、身体拘束からの解放に向けた活動に役立てるべきです。

(4)　逮捕に至る経緯

①　現行犯逮捕か否か

　現行犯逮捕であれば、逮捕者に犯行を覚知されていることが要件となっているため、被疑者が犯人であることを裏付ける証拠は既に捜査機関に押収されていることが一般的です。さらに、逮捕後直ちに逮捕者の調書が作成されるのが一般的です。

　したがって、弁護人としては、被疑者が犯人であるという証拠は既に捜査機関が確保している以上、破壊・隠滅を行うことは不可能であると主張することとなります。

②　逮捕時に逃亡を図ったり証拠を隠滅しようとしたりした行動があったか

　逮捕までに逃走を図ったり、証拠を破壊・隠滅しようとしたりした行動がある場合は、逮捕後も被疑者が逃亡や罪証隠滅を図る可能

性があるとの推認が働き、勾留請求が認められてしまう可能性が高くなります[35]。

　もっとも、仮に逮捕までに逃走を図ったり、証拠を破壊・隠滅しようとしたりした事実があったとしても、それらは逮捕を避けるために反射的に被疑者が行ってしまったものである場合もあります。こうした場合には、故意的に逃亡や罪証隠滅を行った場合に比べて、逮捕後も被疑者が逃亡や罪証隠滅を行うおそれがあるとはいえない場合もあります。

　さらに、逮捕までに逃走を図った動機が身元を把握されることを防ぐためであった場合、あるいは、身体拘束されることを防ぐためであった場合などには、逮捕後、捜査機関が身元を把握し、かつ、逮捕した後には、「身元を把握されることを防ぐ」（既に身体拘束されており、一逮捕一勾留の原則からしても）「身体拘束されることを防ぐ」という動機はなくなります。

　被疑者が逮捕時に逃亡を図ったり証拠を隠滅しようとしたりした場合であっても、弁護人はつぶさにその時の状況について丁寧に聞く必要があります。

　なお、逮捕前の状況と、既に逮捕され、かつ、捜査機関が証拠を保有している状況とでは、罪証隠滅の現実的可能性の程度、逃亡のおそれの程度は全く異なるはずですので、その点も留意が必要です。

35　逮捕までに被疑者が逃走を図ったり証拠を破壊・隠滅したりしようとしたことなどは、多くの場合、被疑者自らが弁護人に説明することはあまりありません。弁護人が丁寧に質問しないと、こうした事実を聞き逃してしまいます。被疑者が逃走を図ったり証拠を破壊・隠滅しようとしたりしたことを聞き逃し、勾留質問日の裁判官面接の際に裁判官から初めて指摘されて慌てる、ということのないように、弁護人は注意深く被疑者から聴取する必要があります。

③ 逮捕前後に違法な捜査が行われていなかったか

逮捕前に長期間にわたり宿泊を伴う任意同行を続け、その後逮捕手続が行われた場合などには、逮捕手続・勾留請求手続の期間制限に違反した違法があるとして勾留請求が却下される場合があります。弁護人は、逮捕前後に違法な捜査がなされていないか（違法な捜査を裏付ける証拠がないか）をチェックする必要があります[36]。

④ 自首や出頭がなされたか

自首が成立しているか、（自首が法律上成立していないとしても）出頭している事情があるかなどの事実は、罪証隠滅のおそれや逃亡のおそれがないことを裏付ける事情となりますので、必ず聴取する必要があります。

(5) 情状に関係する事実

① （同種）前科前歴の有無

前科前歴の内容によっては、重い終局処分が想定され、勾留を回避することが困難なケースがある一方、前科前歴がなければ（比較的軽い刑事処分がなされることとなるため罪証隠滅や逃亡の動機に欠けるため）勾留請求却下率が高くなります。前科前歴があったとしても、終局処分が起訴猶予ないし罰金になる可能性が高い事案では、勾留請求が却下される可能性が十分にありえます。

今後の見通し判断のためにも前科前歴を確認することは重要です。

---

36 京都地決平成 30 年 10 月 25 日決定は、逮捕手続に実質的には身体拘束の時間
　制限を逸脱する違法があるとして、勾留請求を却下した原裁判の判断を認容
　しました（第 7 章 178 ページに要旨を掲載）。

②　（同種）余罪の有無

　同種余罪がある場合には、余罪により別途身体拘束される可能性があります。また、余罪と本件が併せて処分される可能性があり、終局処分が重くなる可能性があります。余罪の有無は必ず確認する必要があります。

⑹　身元引受人の有無

　身元引受人の有無は、勾留決定を回避するためには大きな影響を与える要素となるため、弁護人は特に身元引受人を確保することに注力する必要があります。

　身元引受人の候補としては、被疑者と同居する親族、同県・近県在住の親族、交際相手、職場の上司・同僚などが考えられます（これらの人物がいない場合には被疑者の友人・知人に身元引受人になってもらう）[37]。

　複数の身元引受人候補者がいる場合には、監督の実効性を高めるために、①できるだけ近い親族関係にある者、あるいは、②同居しているか、できるだけ被疑者の近くに居住している者から身元引受書を受領するのがよいでしょう[38]。

　初回接見の際には、被疑者から身元引受書の作成に協力してくれる人物の情報を確保する必要があります。このうち勾留質問の日までに１人でも連絡がとれ、身元引受書が確保できれば、勾留請求が

37　事案の性質上、被疑者の住所に被疑者を住まわせ続けることが（罪証隠滅防止、逃亡防止の観点から）好ましくない事案の場合には、身元引受人の住所に一時的に被疑者を住まわせ、身元引受人が被疑者と同居しつつ、被疑者を監督する旨を上申することもあります。

38　監督の実効性を高めるためには、被疑者の住所に、被疑者の親族（両親など）や交際相手に一時的（終局処分まで）に居住、同居してもらい、その旨を誓約書に記載してもらうという方法があります。

却下される可能性が高くなります。

　身元引受人を確保できたら、勾留質問日までに、身元引受書（原本が望ましい）及び身元引受人の身分証の写しを確保し、勾留請求の却下を求める意見書に添付しましょう。

※　身元引受人候補者の連絡先入手

　被疑者には、これらの人物の連絡先のうち記憶しているものを思い出してもらう必要があります（携帯電話が押収されていない場合には携帯電話を宅下げしてもらい、携帯電話から各連絡先を調べます。それができない場合には、電話番号、住所、勤務先名称等のうち、上記人物と早期に連絡するために思い出せる情報をできる限り思い出してもらいます。思い出してもらった情報をもとに、接見後、インターネットを用いて身元引受人候補者に結び付く情報を調べます。住所がわからない場合には、グーグルマップを用いて住所を特定します。勾留質問日までに時間がある場合には、当該住所に速達で手紙を送ったり電報を送ったりすれば、勾留質問日まで（最悪準抗告申立て期限まで）にコンタクトをとることができることもあります）。

　勤務先のFAXやメールアドレスが確保できた場合には、勤務先にFAXやメールを送り、身元引受人候補者と連絡をとることもあります。

　SNS（ツイッター、インスタグラム、LINE、テレグラム等）を通じて身元引受人候補者と接触を図ることができる場合もあります。弁護人は、ときにはSNSを駆使して弁護活動をする必要がありますので、各種SNSアカウントを作成・管理しておくのがよいでしょう。

※ 身元引受書が確保できなかった場合

　身元引受書が確保できていない場合には、勾留請求が却下される可能性は非常に低くなりますが、身元引受書がなければ必ず勾留決定がなされるというわけではありません。筆者は、勾留質問日までに身柄引受人を確保することができませんでしたが、身元引受人候補者と連絡をとることができていること、及び、勾留質問日までに身元引受書を裁判所に提出することができなかったことの理由を記した上申書を提出した結果、勾留請求却下を勝ち取ることができたことがあります。

(7) 被疑者の心情

　罪証隠滅の意思がないことや、逃亡の意思がないことを裁判官に伝えるためには、必ず被疑者からそれらを記載した誓約書を受領する必要があります。定型の誓約書を持参し、それに記入をしてもらうのが幸便です[39]。

　（弁護人を通じての）謝罪意思、被害弁償の意思があることは、被疑者が被害者や目撃者に働きかける意思がないことの1つの裏付け事情といえます。そのため、裁判官が謝罪意思、被害弁償の意思の有無を気にしていることが多く、それらもまた勾留回避には重要な要素となります[40]。場合によっては、謝罪や被害弁償の意思があることを、被疑者本人に、勾留質問の際に裁判官に口頭で述べるよう助言することも有益です。

---

[39] 謝罪意思や弁償意思、その他特に被疑者が裁判官・検察官に伝えたい事情がある場合には、定型の誓約書の余白部分に手書きでそういった事情を記入してもらうのも1つの方法です。これにより、被疑者が弁護人の指示に単に従って誓約書に署名・指印したのでなく、真に謝罪意志・弁償意志があることを裁判官に印象付けることができます。

　なお、被害者が被疑者に対して悪感情を持っておらず、被疑者が示談を希望している場合には、早期に示談をすることができないか検討すべきといえるでしょう[41]。

(8)　勾留により被疑者に生じる不利益の有無等

　裁判例の中には、勾留により被疑者に生じる不利益の程度を勘案しつつ、被疑者を勾留してもなお捜査を遂げなければならないほどの必要性がないとして勾留請求の却下を判断したものがあります。

　弁護人は、罪証を隠滅すると疑うに足りる相当な理由や逃亡すると疑うに足りる相当な理由とは直接関係がなかったとしても、これらの裁判例を念頭に置き、勾留により被疑者に不利益がある場合には、それらの事情を積極的に勾留請求の却下を求める意見書や準抗告申立書に記載するべきです[42、43]。

40　自白事件で、かつ、被疑者に被害者に被害弁償をする意思、謝罪をする意思があり、弁護人が被害弁償活動をすると述べている場合には、検察官が勾留請求をしないと判断することもあります。被害弁償や謝罪の意思は、検察官が勾留請求するか否かを判断する上でも重要な要素となっていることがあります。

41　例えば、民事事件上の被害者ではありませんが、銃刀法違反事件の被害者と勾留決定日に0円で示談を成立させ、嘆願書を作成してもらい、それらの書面を添付して勾留決定に対する準抗告をしたところ、準抗告が認容された事例があります。

42　例えば、少年被疑者の場合、直近に試験が控えており、その試験を受けることができなければ留年してしまう、入院する予定がある、など特殊な事情があるか否かを確認することが考えられます。また、監護が必要な未成年の子がいる、被疑者に重大な傷病がある、同居する家族が障害を有しているなどの事情があるかなどを確認することも考えられるでしょう。

43　被疑者が未成年の場合には、少年法43条3項の「やむを得ない」場合ではないことを忘れずにアピールする必要があります。

7　初回接見の際にすべきことのまとめ

　初回接見の際にすべきことをまとめると、以下のとおりとなります。

① 　各種説明（手続の流れ、権利（特に黙秘権）告知、弁護人の役割等）

② 　黙秘権を行使するか、あるいは身体拘束からの早期解放を目指すかの方針決定

③ 　前記8要素（被疑者の属性、被疑事実、証拠構造、逮捕に至る経緯、情状に関係する事実、身元引受人の有無、被疑者の心情、勾留により被疑者に生じる不利益の有無等）の聴取

④ 　受任・選任手続

　・弁護人選任届、委任契約書など持参した書類の署名・指印（受任手続）

　・刑事被疑者弁護援助利用申込書、国選弁護人選任請求書兼資力申告書への署名・指印

⑤ 　誓約書（被疑者）の署名・指印（身体拘束からの早期解放を目指す場合）

　　勾留請求却下を求める意見書には、被疑者の誓約書を添付することが望ましいといえます。そこで、急を要する場合には、初回接見時に弁護人選任届などと一緒に予め持参した誓約書の書式に署名・指印をしてもらうのがよいでしょう。誓約書の書式がなければ、その場でノートや白紙に手書きの誓約書を作成して、署名・指印してもらうのでもよいでしょう（誓約書の書式は、本書第7章194ページをご参照ください）。

⑥　物品の宅下げ

就労先・就学先の実在と在籍の事実を証明する資料、身元引受人に連絡をとるための手がかりとなる物品の宅下げ（身体拘束からの早期解放を目指す場合）

身分証、社員証、名刺その他、前記第3章の6(1)〜(8)に関連する証拠が留置施設に保管されている場合には、それらの証拠の宅下げを受け、勾留請求却下を求める意見書にそれらの写しを添付する必要があります。

被疑者の携帯電話、手帳などが留置施設に保管されている場合で、その中に身元引受人の連絡先特定に必要な情報が含まれている場合には、それらの物品の宅下げを受ける必要もあるでしょう。

⑦　外国人の場合には国外逃亡を阻止するための措置（身体拘束からの早期解放を目指す場合）

国外逃亡を阻止するための措置としては、例えば被疑者が海外へ渡航し、逃亡のおそれを解消するために被疑者のパスポートの宅下げを受け、弁護人がそれを預かり、保管することが考えられます。

8　黙秘権を行使すべきか、身体拘束からの早期解放を目指すかの見極め

　一定の事案では、身体拘束からの早期解放を目指すのではなく、不起訴や無罪を目指し、黙秘権を行使すべきこととなります。限られた時間や情報の中で初回の接見時に黙秘権行使をすべきか、黙秘権を行使せず身体拘束からの早期解放を目指すかの判断を見極めることが難しい場合もあります。そのような場合であっても、逮捕段階に接見ができていれば、初回接見日から勾留質問日までには1日〜2日の猶予があります[44]。

　また、方針決定までの間は黙秘を継続し、2度目の接見の際に（黙秘を継続するか、解除するかの）方針を決める、という工夫をすべき場合があります[45]。

---

[44] 弁解録取の際、送検の際に黙秘をしていたとしても、勾留質問の際に事実関係を認める勾留質問調書が作成されれば、身体拘束からの早期解放に向けた活動をするにあたっては支障がありません。

[45] 勾留質問日までに黙秘をするか身体拘束からの早期解放を目指すかを決めることができなかった場合であっても、準抗告期限までに方針を決めることができれば、まだ身体拘束からの早期解放の向けた活動は間に合います。弁面調書を作成し、勾留決定に対する準抗告申立書に添付し、裁判所に提出する方法を採ることができます。

9 初回接見終了後に行うこと（身体拘束からの早期解放に向けた活動を行う場合）

(1) 身元引受人候補者への連絡（打ち合わせの予定を組む）

　接見終了後、速やかに身元引受人を確保するために、弁護人は、身元引受人候補者に電話、メール、FAX、電報、速達、SNSなど、可能な限りの手段で連絡をとることができるように注力する必要があります[46,47]。そして、翌日が勾留質問日である場合など急を要する場合には、接見終了後直ちに身元引受人候補者に連絡をとり、打ち合わせの日程を組む必要があります。[48]

(2) 身元引受人らとの打ち合わせ

　身元引受人候補者と打ち合わせをします。その際に、身元引受書

---

46 被疑者が身元引受人候補者の電話番号を暗記していれば、その番号にかければ足ります。暗記していない場合には、留置場に保管されている携帯電話やメモ帳などの宅下げを受ければ連絡先を確保することができます。深夜帯であったり土日祝日であるため携帯電話を宅下げすることができない場合や携帯電話が押収されていて宅下げが不可能な場合には、メール、FAX、電報、速達、SNSなど様々な手段を用いて身元引受人候補者と連絡をとる必要があります。

47 身元引受人候補者の連絡先がわからない場合には、被疑者の承諾のもと、被疑者が営む店舗、被疑者の就業先、親族が営む会社や店舗などに連絡して連絡先を確保することも考えられます。

に署名・押印をしてもらいます。また、身元引受人が実在する人物であり、かつ、弁護人が身元引受人の本人確認をしたことを裏付けるために、身元引受人の身分証明書の写しをもらう必要があります[49,50]。

　また、事案によっては、身元引受人に被疑者との関係を証明する資料、例えば、身元引受人の社員証、名刺、給与明細、雇用契約書、勤務日程表、学生証等の資料の写しも身元引受書に添付することもあるため、それらの資料の持参も事前に要請することも忘れないようにしましょう。さらに事案次第では、給与所得者であることや雇用主の証明のために預貯金通帳のコピーをとることも考えられます。

48　身元引受人が遠方に在住で翌日打ち合わせができない場合には、①身元引受書の書式を FAX かメール（PDF 形式）で送り、署名・押印してもらい、身分証明書の写しとともに、FAX か PDF でひとまず返送してもらい、あわせて（身元引受書の原本について勾留請求却下を求める意見書に添付することができるようにするために）原本を速達で返送するように要請します。また、②最悪、翌日が難しくても、勾留質問日の早朝までに打ち合わせの日程を組むよう努力します。例えば、東京地裁の場合、平日の場合午前11時までに勾留請求却下を求める意見書を提出すれば、裁判官が目を通してくれ、意見書を踏まえた判断をしてくれます。

49　特に裁判所に伝えたほうがよい事情がある場合には、定型の身元引受書以外に上申書を作成してもらうことも考えられます。

50　他方、複数の身元引受人がいる場合には、1人ひとりと打ち合わせをする時間をとることも難しいため、事前に身元引受書の書式を FAX かメールで送付しておき、打ち合わせに来ることができない親族・知人・職場の同僚等の身元引受書と身分証明書の写しをまとめて、打ち合わせをする身元引受人の1人に持参してもらうことなども考えられます。この場合においても、必ず電話で身元引受書についての説明をし、本人確認をする必要があります。

(3)　2回目の接見

　2回目の接見では、初回接見以降の弁護活動について被疑者に報告する必要があります。

※　貴重品の宅下げ

　貴重品（携帯電話、キャッシュカード、現金等）の宅下げを被疑者から依頼される場合があります。これらの貴重品については、逮捕直後を除き、原則、留置場外のロッカーではなく各警察署の会計課の金庫内に保管されています。そのため、平日の午前9時から午後5時以外の時間帯に金庫内で保管されている金品の宅下げを要請したとしても、会計課が閉っているため取り出すことができないとの理由で宅下げができないことがあります。貴重品の宅下げの予定があれば、平日の午前9時から午後5時までの時間帯に留置係に宅下げしたい旨を電話しておき、その後、接見に赴けば、会計課の金庫から貴重品を取り出し、宅下げの準備をしておいてもらうことができます。

　被疑者から依頼を受け、現金やキャッシュカードを宅下げする場合には、後の紛争を防ぐために、預り証を差し入れたり、委任状を作成したりするなどの措置をとっておくことがよいでしょう。

---

(4)　示談交渉、示談書の作成

　被害者が被疑者に対して悪い感情を有しておらず、示談を希望している場合には、早急に被害者と打ち合わせをして、示談書を作成することを検討すべきです[51,52]。

(5)　証拠構造を裏付ける資料の収集

　事件の現場が被疑者の留置施設の近隣であれば、現場に行ってみるのも有用です。防犯カメラの有無を確認することができます[53]。

(6)　勾留により生じる不利益を裏付ける資料の収集

　被疑者が重大な傷病を抱えており、長期間留置されることにより、被疑者の病状や治療に大きな影響を与えてしまう場合があります。このような勾留により生じる不利益についての資料を収集し、意見書に添付することは重要です。

51　例えば、夫婦間で喧嘩となり、夫から暴行を受けた妻が交番に駆け込み、そのことをきっかけとして夫が逮捕されたものの、妻は夫が逮捕・勾留されることを全く望んでおらず、早期に釈放されることを望んでいるような場合です。このような場合には、妻に身元引受人になってもらうとともに、妻との示談書を作成しましょう。

52　ときには、被害者が被疑者の逮捕・勾留を望んでおらず、弁護人が示談交渉をする前から被害届取下げをするケースがあります。しかしながら、いくら被害者が自ら被害届取下げをしていても、そのことが検察官を通じて裁判官に伝わらなければ勾留決定を回避することはできません。このような場合には、被害者のためにも早期に示談を取り交わし、身体拘束からの解放を目指すべきです。

53　事件の現場が遠い場合であっても、グーグルマップのストリートビュー機能を利用し、事件現場付近の防犯カメラの有無を確認することができます。

　このような場合には、被疑者が病気であることやその病状、治療の状況等について、主治医に診断書を作成してもらう、また、主治医から聴取したことについて弁護人が報告書を作成するなどの手段が考えられます。

　なお、診断書を作成してもらうにあたっては、被疑者本人から弁護人に委任する旨の委任状の作成を受けた上、これを主治医に提出する必要があるでしょう。

　他方、被疑者が自営業をしており被疑者が勾留されてしまうと生活が成り立たなくなってしまうといった不利益や、被疑者が学生であり勾留されてしまうと退学や留年となってしまうといった不利益も考えられます。

　このように、勾留により生じる不利益が大きい場合には、積極的にそのことを裏付ける証拠を収集する必要があります。

10　検察官面接、検察官に対する意見書の提出

(1)　検察官面接、検察官に対する意見書の作成

　送検日と勾留質問日を別の日に実施する運用の地域であって、かつ身元引受書の取得が送検日の昼までにできた場合、検察官に勾留請求をしないように求める意見書を提出しましょう。

　時間的な余裕があれば検察官に面談を求めます。事案にもよりますが、弁護人が働きかけることにより勾留請求をしない検察官も一定割合存在します[54]。

(2)　検察庁での接見

　時間的な余裕があれば意見書を出した際に、検察庁において被疑者と接見をしましょう。接見が弁解録取後であった場合には、検察官がどのような事情を気にしているかを被疑者から聞き出し、勾留請求却下を求める意見書を起案する際の参考にすることができます。まだ誓約書を受領していない場合には、検察庁において接見した際に、誓約書に署名・押印をしてもらいましょう。

54　可能であれば、検察官の弁解録取手続前に意見書を出すようにしましょう。
　　意見書に記載されている身元引受人の情報や、誓約書に書かれている情報、謝意や被害弁償の意思があるかについて検察官が被疑者に確認をし、それに齟齬がなければ、検察官が勾留請求をしない旨の判断をする場合があります。

　なお、検察庁での接見の方法、予約の要否などは地域によるので、事前に検察庁に確認しておく必要があります[55]。

---

[55]　各地の検察庁における接見の方法等については、「接見交通権マニュアル第20版」（日本弁護士連合会接見交通権確立実行委員会編）55 頁を参照

11　裁判官面接、裁判官に対する意見書の提出

(1)　裁判官面接、裁判官に対する意見書の作成

　勾留質問が開始される時間までに、裁判所に勾留請求却下を求める意見書を提出しましょう[56]。

　意見書の作成にあたっては、平成26年決定が、罪証を隠滅することを疑うに足りる相当な理由の有無について「罪証隠滅の現実的可能性の程度」を考慮して決する旨を判示していることを意識する必要があります。

　この決定は逃亡すると疑うに足りる相当な理由については触れていませんが、逃亡すると疑うに足りる相当な理由について、近時、現実的な可能性を踏まえて判断する裁判例が増えていることから、意見書の作成にあたっては「逃亡の現実的可能性の程度」についても忘れずに意識する必要があります[57]。

56　裁判所によって意見書の提出方法についての運用が異なるため、事前に確認しておくのがよいでしょう。例えば、東京地裁においては、意見書を提出する場合、勾留質問日当日の午前11時までに提出しなければならないこととされています。裁判所によっては、必ずしも意見書原本の提出をせずとも、FAXでの意見書の提出を許可するところもあります。

57　平成26年決定を前提として、「罪証を隠滅すると疑うに足りる相当な理由」と「逃亡すると疑うに足りる相当な理由」の判断手法に区別を設ける理由はないため、「罪証を隠滅すると疑うに足りる相当な理由」の判断手法と同様に「逃亡すると疑うに足りる相当な理由」の有無についても「逃亡の現実的可能性の程度」を考慮して決するべきと解釈しているものと考えられます。

　勾留により被疑者が被る不利益の有無を踏まえて勾留の必要性の有無が決せられるケースもありますので、被疑者が勾留により受ける不利益がある場合には、そうした事情を積極的に裁判所に対する意見書に記載して訴えることが必要でしょう。

　なお、意見書の提出とともに裁判官面接を求めましょう[58]。

※　裁判官面接の身元引受人の同席

　身元引受人に時間的余裕がある場合には、身元引受人に裁判所に来てもらうこともあります。これには身元引受人に監督能力があることや監督の意思があることなどを裁判官に言外に伝えるという意味があります。

　なお、東京地裁の場合、以前は身元引受人も裁判官面接に同席することができましたが、最近は裁判官面接には弁護人しか臨むことができない運用となっているため、事前に裁判所に対応を確認するべきです。

---

(2)　裁判官面接

　裁判官面接は、勾留質問日の昼前から昼過ぎにかけて、勾留質問開始前に実施されることが多いです[59]。

　裁判官面接にあたっては、裁判官が懸念している事項を中心に、問題がないことを伝えるようにしましょう。例えば、実行行為を否認している事案では、現場にいたこと自体は争っておらず罪証を隠

58　電話面接が可能な場合もあるので、事前に裁判所に確認しておくのがよいでしょう。
59　裁判官面接が行われるタイミングは、裁判所の運用、曜日（平日と土日祝日とで運用が異なる裁判所が多い）、当日勾留質問を受ける被疑者の多少によっても影響するため、事前に裁判所に問い合わせるのがよいでしょう。

滅する現実的可能性が低いこと、事案自体が軽微であること、また、身元引受人がいることをアピールし、否認していることをいたずらに重視するべきではないことなどを伝えることが考えられます。

　また、被疑者が外国人の場合には、裁判官面接の場面で被疑者が海外に出国しないように弁護人が被疑者を指導することを裁判官から求められることがあります。裁判官がこのような要請をしてきた場合には、それに応じれば勾留請求が却下される可能性が高いということです。

　もっとも、裁判官からのこのような要請を拒否しても、勾留請求が却下されることもあります。したがって、裁判官から弁護人としての任務の範囲を超える無理な要請をされた場合は断ることも必要です。

　裁判官面接の際、補充の証拠の提出を要請されることがあります。そのような場合には、できるかぎり指摘された補充の証拠を提出することを検討しましょう。

　裁判官は、勾留請求を却下した場合に検察官から準抗告されることを懸念していることがあります。弁護人は、熱意を持って裁判官を説得し、安心させるよう心がける必要があるでしょう。

(3)　裁判所構内での接見

　裁判所構内で被疑者と接見をすることにより、被疑者の心情を安心させることができるほか、被疑者から聴取し忘れたことを聴取したり、裁判官が気にしていたことを被疑者から聴取したりするなど、たとえ接見時間がわずか数分であったとしても様々なメリットがあります。

　また、どのみち、弁護人選任届の提出、国選の切替え書類の提出、意見書の提出などで裁判所を訪れているのであれば、積極的に

裁判所構内での接見を活用するべきでしょう[60]。

---

[60] 裁判所構内での接見の方法については、「接見交通権マニュアル第20版」（日本弁護士連合会接見交通権確立実行委員会編）61頁を参照

12　少年被疑者の場合の留意点

(1)　少年の勾留に関する留意点

　少年法では、勾留することができるのは「やむを得ない場合」とされています[61]。また、勾留に代わる観護措置の制度が定められています[62]。弁護人は、少年被疑者の場合には検察官、裁判官に対して、「やむを得ない場合」でないこと、勾留に代わる観護措置の制度を使用すべきこともあわせて主張し、勾留回避に向けた活動をすることが求められます[63]。

　少年事件の場合、検察官が勾留請求をせずに家裁送致を選択するケースがあります。軽微な事案の場合には、勾留請求せずに家裁送致すべき旨の意見書を積極的に検察官に提出すべきです。

　検察官が家裁送致をした場合には、観護措置回避に向けた活動（家庭裁判所裁判官への意見書の提出、裁判官面接等[64]）をする必要がありますので、留意が必要です。

61　少年法48条1項、43条3項。ただし、「やむを得ない場合」は非常に緩やかに解釈され、勾留が認められる傾向にあります。
62　少年法43条1項。勾留に代わる観護措置が採られた場合、少年は少年鑑別所において10日間拘束されることになります。勾留に代わる観護措置の件数等については、法務省「少年矯正統計統計表」において公表されています。
63　勾留場所を留置場とすることが不適切な事案においては、勾留場所を少年鑑別所とすべきと主張すべき場合があります（少年法48条2項）。名古屋地裁平成25年2月22日決定参照
64　少年が観護措置を採られることを防ぐために、少年への監督能力があることを裁判官に言外にアピールするため、少年の親権者に送致日に家庭裁判所に来てもらい、観護措置質問が終わるまで待機してもらう場合があります。

(2)　家裁送致後の手続を見据えた聴取事項

　少年事件では、全件送致主義が採られています（少年法41条、42条）。

　送致時に観護措置が採られる可能性を検討し、かつ、保護処分の見通しを検討するためにも、早期に少年の生活状況（特に深夜徘徊、飲酒喫煙などの補導歴の有無等）、家庭環境（家族構成、家族との関係がうまくいっているか、家族の連絡先、住所）、就学状況（学校の名称、学年、出席状況（進学のための出席日数が足りているか）、担任の先生の氏名[65]、先生との関係、直近に試験があるか否か）、就労状況（職場の名称、職場との関係、業務内容、勤務状況、勤続年数、職場での人間関係等）などを把握しておく必要があります。

　学校や職場に事件のことや逮捕・勾留された事実が知られてしまった場合には、休学・退学の処分を受けたり[66]、解雇されたりする可能性があるか、逮捕・勾留された場合に進学・進級のための出席日数を確保することができるか、直近に進級や卒業認定のために必要な試験があるか否か、などの事情を聴取しておくべきでしょう。こうした事情は、勾留の必要性や観護措置の採否の判断に影響を及ぼす事情でもあります。

---

[65] 折り合いの良い先生、折り合いの悪い先生、連絡のとりやすい先生、連絡しにくい先生がいる場合には、どの先生に最初に連絡をとるべきか検討した後に、先生に連絡をとるべきです。ときには学校の先生が少年の更生のために尽力し、学校内での少年の居場所を確保してくれることもあります。

[66] 退学・停学の可能性がある場合には、警察官・検察官・家庭裁判所に学校照会をしないよう要請する場合があります。

13　外国人被疑者の場合の留意点

(1)　通訳人の確保[67]

　当番弁護士として配点を受けた場合には、当番弁護センターから紹介を受けることができます。通訳費用は、刑事被疑者弁護援助制度を利用して受任した場合には費用の援助を受けることができます。同制度を利用しない私選弁護契約を締結する場合には、被疑者やその家族等から通訳料の支払を受ける必要があります。

(2)　接見時に持参すべきもの

　本章4(1)で挙げた物品に加え、以下の物品を持参すべきです。
　また、これらの物品についても、できれば外国語が併記されたものを持参すべきでしょう。

①　辞　書
　通訳人が通訳に困る単語がある場合にすぐに調べることができるようにするため、辞書を持参する必要があります。

---

[67] 少数言語の場合には、警察・検察の取調べ、裁判所での勾留質問、弁護人の接見の際に立ち会う通訳人が同一人のケースがあります。そのような場合には、当番弁護センターに相談したり、領事館に相談するなどし、捜査機関・裁判所・弁護人が依頼する通訳人が別になるように工夫をすべきです。

②　パンフレット

　東京三弁護士会刑事弁護センター発行の「当番弁護マニュアル」に記載されている外国語版の刑事手続の説明文書の写しを差入れすることにより、刑事手続の流れを理解してもらうことに役立ちます。

③　六　法

　外国人被疑者の場合には、刑事手続の説明に加え、出入国管理及び難民認定法（頻繁に改正されます）についての説明が必要となる場合が多いため、持参する必要があります。

④　外国語で書かれた文書、図書

　留置場には外国語で書かれた本は備え付けられておらず、外国語での会話は許可されません。外国人被疑者にとって時間を潰すことは苦痛です。

　初回の接見の際には持参する必要はありませんが、受任後の接見の場合には持参するとよいでしょう。外国語で書かれた雑誌、図書、被疑者の宗教にあわせて宗教上の文書などを差入れすると、被疑者との信頼関係の醸成につながります。

(3)　聴取すべき事項

　外国人被疑者の場合には、特に以下の事項について注意を払いつつ聴取する必要があります。

①　名　前

　名前は、留置場で使用しているカタカナ表記、アルファベットで書いた場合のスペル、発音、漢字表記がある場合には漢字などを確認する必要があります。

　ときには、留置場で使用しているカタカナ表記、裁判所の勾留状

に記載されている表記、検察庁で使用しているカタカナ表記がばらばらのケースもありますので、注意が必要です。

　名前の中で、姓、名、ミドルネームがどの部分にあたるか、確認しておく必要があります。

②　国　籍

　外国人被疑者の場合には、国籍をパスポートなどで確認する必要があります。

③　在留資格の有無、内容

　外国人被疑者の場合には、外国人登録証明書や住民票の有無を確認し、住所を確認する必要があります。

　入国した日時、経緯、入国時の在留資格・期間、入国後の日本国内での活動内容（就労内容、就学内容、住所等）、現在の在留資格の有無、内容を聴取する必要があります。

　在留資格の期限が間近に迫っている場合には特に注意が必要です。在留資格を喪失してしまうと、勾留満期や判決後に、解放されずに入管に収容されることとなってしまうケースがあります（入管法39条）。そのような事態を避けるために在留期間更新許可申請（入管法21条）等の手続を行う必要があることを教示すべきです。

　在留資格がある場合においても、例えば留学生が学校に通わずに就労している場合には、学校が入管に当該学生が就学していないことを報告し、在留資格が取り消されてしまったり、更新が不許可とされてしまったりする場合があります。

　さらに、現に在留資格がある場合であっても、一定の犯罪により有罪判決を得た場合（旅券法違反の罪、または入管法違反のうち、集団密航等に加担した罪で刑に処された場合、薬物犯罪（麻薬、大麻、あへん、覚せい剤等））で有罪判決を宣告され確定した場合には、執行猶予の有無にかかわらず退去強制事由となり、在留資格が

失われます（入管法違反のうち資格外活動を行った罪の場合には、禁固以上の刑が確定すると退去強制事由となり、在留資格が失われます。それ以外の罪名の場合には、原則1年以上の懲役または禁錮の実刑判決が確定した場合には、退去強制事由となります）。

④　使用言語

　被疑者が使用する言語がいずれの言語であるか、複数の言語を使用することができる場合に、いずれの言語が最も得意であるかを聴取する必要があります。被疑者の最も得意な言語で取調べや公判が行われるよう、弁護人が捜査機関や裁判所に働きかける必要が生じます。

　また、被疑者の言語能力の問題、通訳人の通訳技術の問題で同行した通訳人の通訳する言語が聞きづらい場合、理解できていない場合があります[68]。被疑者の言語能力の問題で通訳が困難な場合には、その旨を記載した意見書を検察庁や裁判所に提出し、可視化の申入れに加え、慎重に手続をするよう申入れをする必要があります。通訳人の通訳技術の問題がある場合には、適宜通訳人を変更する必要があります。

④　住所・居所

　外国人被疑者の場合、同居する知人・友人などに影響が及ぶことをおそれ、住所・居所を捜査機関や弁護人に対して言わないことがよくあります。そのような場合には、弁護人の立場を説明し、住所・居所を聞く必要があります。

---

[68] 注意を払わないでいると、被疑者が通訳人の通訳する言語を十分に理解できていないことを見過ごしてしまう場合がありますので、細心の注意が必要です。

⑤　被疑事実や余罪の把握

　外国人被疑者の場合、オーバーステイや身分証明書の偽造などの余罪で後に逮捕されたり、別件逮捕されたりすることがあります。余罪や別件逮捕の可能性を意識し、注意を払う必要があります。

⑥　領事館通報の依頼の要否

　外国人被疑者には、領事館通報をする権利があります[69]。通常は、逮捕後に領事館通報をする権利があること、領事館通報の希望の有無を被疑者本人に確認する用紙が被疑者に渡され、被疑者の回答に従い領事館に通報される運用となっています。被疑者が領事館通報の仕組みを把握していない場合や、適切に領事館通報がされなかった場合には、弁護士が通報を支援することが必要になる場合があります[70]。

69　領事関係に関するウィーン条約 36 条を参照

70　筆者は、日本に旅行中の外国人少年が逮捕後、検察官が勾留請求せず家裁送致した事件で家裁直後に付添人に選任されたことがありました。その際、当該少年の領事館の協力を受け、本国の被疑者の母親や当該少年の同行少年と連絡をとり合うことができました。このときは、帰りの航空機などをすぐに手配して裁判所に観護措置の取消しを求めたところ、受任後数日で観護措置は取り消され、少年は無事本国に帰国しました。このように領事によっては自国民の保護のために積極的に協力してくれることもありますので、領事館通報をするか否か検討をする必要があります。

第4章

勾留決定後の弁護活動 1
（身体拘束からの早期解放に向けた活動）

1　勾留決定を争う

　弁護人は、勾留決定後なるべく早期に被疑者の身体拘束を解いたり、不適切な身体拘束を是正したり、また、外部との接見交通を確保したりするべく刑事訴訟法上の諸手続を活用する必要があります。

　具体的には、準抗告、特別抗告、勾留理由開示請求、勾留取消請求、勾留執行停止申立て等の手続を利用することが考えられるでしょう。

(1)　準抗告

　勾留決定がされてしまった場合には、準抗告をすることを検討します[1]。

　特に勾留決定日後に身元引受人を確保することができた場合や、早期に示談することができた場合には、仮に勾留が決定してしまっても準抗告を試みる価値が十分にあります。

　また、裁判官が変われば結論が変わる可能性も十分にありえます。準抗告審は、勾留決定と異なり合議体が結論を下すため、勾留決定時よりも丁寧な判断をしてもらえる可能性も高まります。そのため、弁護人が勾留請求が却下される可能性があると考えていたの

1　抗告申立書には、面接（もしくは電話面接）を希望する旨を書くのがよいでしょう。面接を通じて裁判官の気にしている事柄を聞くことができ、また、裁判官に弁護人の熱意を伝えることもできます。

にもかかわらず、勾留決定がされてしまった場合には、特に支障がなければ準抗告をすることを検討するべきです。

　準抗告申立書には、勾留請求却下を求める意見書に記載した事項に加え、裁判官面接において裁判官から指摘された事項、被疑者との接見を通じて知った情報などを踏まえ、罪証隠滅のおそれ、逃亡のおそれ、勾留の必要性を減じる要素として追加すべき情報があれば、積極的に記載をするべきです。

　また、勾留請求却下を求める意見書を作成した段階からさらに有益な証拠（示談書、身元引受書等）を確保した場合には、当該証拠を添付して提出してもよいでしょう。

　なお、逮捕前に長期間にわたり宿泊を伴う任意同行を続け、その後逮捕手続が行われた事案で、逮捕手続・勾留請求手続の期間制限に違反した違法があるとして、勾留請求が却下された事案が報告されています。弁護人は、逮捕前後に違法な捜査がなされていないかをチェックし、手続の違法も積極的に主張すべきといえます。

(2)　特別抗告

　抗告が棄却されてしまった場合には、特別抗告の申立てをすることを検討するべきです[2,3]。

　平成26年決定にもあるように、「最高裁判所が勾留についての特別抗告に対して実効的な判断をしてくれるわけがない。」と思うのは誤りです。弁護人は準抗告が棄却されたからといって直ちにあきらめるべきではありません。

2　特別抗告の提起期間は5日（刑事訴訟法433条2項）と短いことに留意しておく必要があります。
3　特別抗告申立書の宛て先は最高裁判所、提出先は原裁判所です（刑事訴訟法433条、423条）。

2　勾留延長を阻止する

(1)　検察官、裁判所への意見書の提出、準抗告、特別抗告等

　勾留延長の判断に際しても、勾留の際と同様、意見書を提出したり、準抗告、特別抗告をしたりすることができます[4]。

　もっとも、勾留延長の際に考慮される要素は、10日間では処分を決めることができない「やむを得ない事由」（刑事訴訟法208条2項）があることです。この「やむを得ない事由」には、事件の複雑性、証拠収集の遅延・困難などにより勾留期間を延長してさらに捜査を続行しなければ起訴・不起訴の決定ができない場合であるとされています[5]。

　一見すると延長の要件は厳格なようにも思えますが、実際には検察官から請求がなされると公判に勾留延長が認められる実態があります。

　弁護人は、そのような勾留延長を阻止するため、被疑者や関係者

4　勾留延長請求は、通常、勾留満期日の前日（勾留満期日が土日祝日の場合には直近の平日）の午後4時頃を締切りとして検察庁内部で決済され、勾留満期日の午前中に勾留記録とともに検察庁から令状部に提出されます。令状部の裁判官が記録を閲覧しながら勾留延長の可否、勾留延長期間を決定することになります。このタイミングまでに意見書を提出しておけば、勾留延長を回避できたり、勾留延長期間を短くしてもらえたりすることが可能になります。裁判官面接（電話も可）なども含め、積極的に勾留延長回避・短縮に向けた活動をする必要があります。

5　最高裁昭和37年7月3日判決民集16巻7号1408頁

から捜査の進展に関する情報を集め、十分な捜査は終了していることに加え、捜査機関が適正に捜査をしていれば勾留期間が10日で十分であったはずなのに、そうしていなかったために10日経過しても処分が決まっていないことなどを意見書に記載し主張していくことになります。

(2)　勾留理由開示請求

　勾留理由開示請求は、勾留の裁判をした裁判所に対して請求権者が勾留理由開示請求書を提出して行います。開示請求があったときは、請求日から5日以内に開示期日が開かれ、裁判官が公開の法廷で勾留の理由を告げることとなります。

　接見禁止が付された被疑者にとっては、法廷の中で家族などの関係者の姿を見ることができる貴重な機会ともなります。

　なお、勾留理由開示公判を経た結果、公判当日、被疑者が釈放された事例が報告されています[6]ので、積極的に勾留理由開示請求を行うことも検討すべきでしょう。

6　第14回国選シンポジウム基調報告書87頁を参照

3　勾留期間を短くする

(1)　勾留取消請求

　被疑者の勾留の理由または必要がなくなったときには、勾留取消請求を行って勾留を取り消すように求めることができます。示談が成立した場合、検察官や警察官が全く取調べをしていない場合などには積極的に勾留取消請求をするべきです。

　また、違法な取調べなどの違法捜査があった場合についても、勾留取消請求が認められる場合があります[7]。

(2)　準抗告、特別抗告

　勾留取消請求を却下した裁判に対しては、準抗告や特別抗告を申し立てることができます[8]。勾留の際と同様、特に支障がなければ積極的に準抗告、特別抗告をすべきでしょう。

7　岡山地裁昭和 44 年 9 月 5 日決定を参照
8　準抗告、特別抗告の判断にも多少の時間がかかります。判断を待っている間に勾留満期が到来してしまうこともありますので、スピーディな活動が求められます。

4　勾留決定回避に向けた弁護活動を行うことの副次的メリット

　準抗告申立て等の勾留回避に向けた活動をすると、次のように様々な付随的効果が生じます[9]。弁護人は臆することなく積極的に勾留決定回避に向けた活動をするべきです。

①　検察官が漫然と勾留延長請求をすることを防止することができることがあります（検察官が勾留延長請求をせず、処分保留のまま釈放をすることがあります）。

②　検察官が勾留延長をする際に10日間の延長請求をするのではなく、5日や8日など10日よりも短い日の指定をして勾留延長をすることがあります。

③　裁判官が勾留延長を認める際に、5日や8日など10日よりも短い日の指定をして勾留延長を認めることがあります。

④　被疑者や被疑者の関係者との信頼関係の醸成
　　短期間の間に丁寧な弁護活動を受ければ、被疑者の弁護人に対する信頼が深まります。

⑤　裁判官や検察官の意識の変化

9　勾留請求却下を求める意見書、準抗告申立書等は、事件記録に綴られることとなります。裁判官としては、勾留延長の判断をする場合に事件記録に綴られたそれらの資料も踏まえた上で勾留延長について判断することになります。そのため、検察官としては、勾留延長するにあたって、漫然と勾留延長をするのではなく、勾留延長の必要性を慎重に検討せざるを得なくなります。裁判官も同様です。結果的に、勾留回避に向けた弁護活動が、検察官が勾留延長請求をする際の牽制となったり、裁判官が勾留延長の決定をしたりすることに対する牽制となります。

　　漫然と勾留請求をなした検察官、勾留決定をした裁判官は、後に勾留請求が却下されたり、勾留決定に対する準抗告が認容され、自らの判断が誤りであった可能性が示されたりすることにより、次回以降慎重に勾留請求の必要性を吟味し、勾留決定の判断を慎重にするようになるでしょう。

⑥　裁判官・検察官からの弁護人への信頼関係の醸成

　　勾留回避に向けた丁寧な弁護活動をしていれば、弁護人の真摯な姿勢が伝わり、自ずと裁判官・検察官の当該弁護人に対する信頼関係が生じます。

5　保釈請求の準備

　勾留決定後の弁護活動が不奏功に終わったとしても、公訴提起後直ちに保釈請求をすることができるよう、被疑者段階で弁護人は保釈請求の準備をしておく必要があります。

　保釈請求書に添付するための被疑者作成の誓約書、身元引受書、身元引受人の身分証明書の写し、保釈保証金の準備などは、起訴前に準備をしておけば起訴後すぐに保釈請求をすることができます。

第5章

勾留決定後の弁護活動 2
(不起訴、公判に向けた活動)

1　黙秘権

(1)　黙秘権について

　黙秘権行使は、憲法上保障された権利であり、被疑者にとって最大の防御手段でもあります（黙秘権を行使すべき事案については、第1章をご参照ください）。

　取調べ担当官が誘導的な取調べをしている場合、被疑者の理解力・判断力が一般人と比べて相対的に低く調書に記載された内容を十分に理解できていない可能性がある場合などには黙秘権を積極的に活用すべきです。

　被疑者が調書の内容をよく確認せずに署名・指印し、後に公判段階で、被疑者の意に沿わない内容が調書に記載されていることを発見しても、裁判所は該当部分が「被疑者の意に沿わない内容」であったとは認定してくれません。そのような事態を防ぐために、被疑者の理解力・判断力が相対的に低い場合には、黙秘権を行使することが重要となります。

　被疑者が黙秘権を行使すると、捜査機関の取調べが厳しくなることがあります。そこで、黙秘権行使の方針を選択する場合には、弁護人もできるだけ頻繁に被疑者と接見をし、被疑者を励まし、被疑者の不安を解消するように努める必要があります。

(2)　黙秘権行使による不利益

　被疑者は、警察官から「黙秘をしていると裁判のときに不利にな

る」「黙秘をしていると反省していないと思われ重い判決を受けることがある」「黙秘をしていると早く釈放されない」などと言われ、被疑者自身黙秘権行使をすることにより不利益を受けるのではないかと感じてしまうことがあります。

本来、黙秘権を行使したことによって被疑者・被告人に不利益が生じることはあってはなりません。しかし、実際には一部の事案で、検察官が終局処分をするに際して被疑者が自白をしているか否かが1つの判断要素となることがあります。また、被告人が実刑判決を受けるか執行猶予が付されるか微妙な事案においては、否認をしていた場合に実刑に処せられやすくなってしまう傾向にあります。

被疑者に黙秘を勧めるか否かを検討するに際しては、こうした傾向を踏まえた上で慎重に判断すべきです。

(3) 黙秘権行使に対する違法な取調べへの対応

被疑者が黙秘権を行使すると、警察官は、被疑者から情報を得るために様々な揺さぶりをし、被疑者と弁護人との信頼関係を破壊するような発言をすることがあります。

警察官・検察官が被疑者の取調べ時に弁護人に対する誹謗中傷行為を行うことは、被疑者と弁護人との接見交通権を実質的に侵害する行為[1] ですので、強く抗議するべきです。

警察官が不当な取調べをした場合には、FAXで担当検察官や担当検察官の所属する検察庁の検事正[2] に抗議文を送付し、併せて同

---

1 横浜地判平成20年10月24日判タ1290号145頁参照（第7章179ページに要旨を掲載）
2 検察官には、司法警察員に対する個別指揮権があります（刑訴法193条3項）。

内容の内容証明郵便を送付すべきです[3]。そのほか、不当な取調べを担当した司法警察員、警察署長などに苦情の申立て（被疑者取調べ適正化のための監督に関する規則（平成30年国家公安委員会規則第4号））、都道府県公安委員会に対する苦情申立て（警察法79条1項）をする方法も考えられます。

---

[3] 証拠を残しておくことにより、違法な取調べに際して作成された調書の任意性を争うことが可能となります。

2　署名・指印の拒否

　被疑者によっては、取調べが過酷になることに耐えられないなど、黙秘権行使をすることが困難な場合があります。そのような場合には、捜査官の作成する供述調書への署名・指印を拒むという方針をとる場合もあります。ただし、既に可視化が実施されている場合には、取調べを通じて被疑者の供述した内容が録画されてしまいますので、署名・指印のみ拒否することにはあまりメリットはありません。署名・指印を拒否する場合には、可視化がされているか確認する必要があります。

　署名・指印拒否の方針をとる以上は、内容にかかわらず一律拒否するよう助言するのがよいでしょう。なぜなら、被疑者の理解力によっては、主張したとおりに調書が書かれてあれば署名してよいと助言すると、真実は被疑者に不利な調書に被疑者が署名・指印してしまうことになりかねませんし、かえって被疑者を混乱させてしまうからです4。

4　黙秘の場合、例えば自分に有利なことであれば供述してもよいなどの助言をすると、被疑者に有利かどうかの判断を委ねることとなり、被疑者がかえって混乱してしまい、不利なことまで供述してしまう可能性があります。そのため、黙秘の方針をとる場合には、黙秘する範囲を明確に定めて助言するか、一律に黙秘をするか、どちらかの方針をとるべきでしょう。

3　取調べの可視化[5]

　現在、検察庁では一部事件について取調べの可視化（全過程の録画）が実施されています。しかし、録画の対象は一部の事件に過ぎず、すべての事件の録音・録画は実現されていません[6]。

　さらに、警察署で試行されている取調べの録音・録画は、取調べの全過程が録音・録画されているわけではなく、一部分の録音・録画しかされていないこともままあります。都合のよい取調べの一部のみを録音・録画される危険性も否定できません[7]。

　そのため、弁護人は、取調べの全過程の録音・録画を求めるべきでしょう。特に、否認事件などでは、後に自白調書がとられ、供述の任意性・信用性を争うこともありえますので、可視化の有無が重要となります。

5　取調べの可視化は、不当な取調べを抑止し、えん罪を防止するのみならず、取調べが適正であったかを裁判で長期間審理される事態になることを抑止する効果があります。近年においても、厚労省元局長事件では取調べ時に脅迫的な取調べが行われました。また、足利事件や布川事件では、不当な取調べの結果自白調書が作成され、その自白調書がもとでえん罪被害が発生しました。このような事態は取調べの可視化が適正になされていれば防ぐことができるはずです。

6　2016 年の刑事訴訟法改正で取調べの録画が義務付けられたのは、死刑事件を含む裁判員裁判事件や検察官独自捜査事件のみ（逮捕勾留下の取調べに限る）にすぎません。

7　一部だけの可視化が施行された場合、例えば、可視化されていない状況で被疑者が利益誘導などの不当な取調べを受け、不当な取調べ後に自白に転じた後の取調べのみ可視化されてしまう可能性が否定できません。このような可視化の悪用を防ぐべく、弁護人は活動しなければなりません。

　弁護人は、取調べの可視化の必要性を感じた場合には、積極的に
警察・検察に対して取調べ可視化の申入書を提出する必要がありま
す。

4　証拠収集

(1)　被疑者・関係者供述の書面化

　被疑者・関係者の供述を証拠化する場合、弁護人が被疑者・関係者の供述を録取して、供述録取書または陳述書という形で書面化します[8,9]。いずれの形式であっても法律上の効果に相違はありません。

　これらの資料は、主に捜査段階で捜査機関へ提出する資料（不起訴を目指す場合など）、上訴審での疎明資料などとして活用できます。公判廷で利用する場合には、伝聞法則に従うこととなります。

　なお、被疑者の供述録取書、陳述書を作成した場合には、その書面に確定日付を得たほうが証拠としての価値が高まりますので忘れないようにすることが大切です[10]。

8　第三者からの聴取の際には、録音を行うのが原則です。供述を保全するとともに証人威迫や偽証教唆の疑いを避けるという意味もあります。

9　勾留中や受刑中の共犯者に一般面会という形で接触し、供述を聴取することも可能です。

10　弁護人作成の調書における確定日付の付け方としては、例えば、郵便局で切手を購入し、日付を押印してもらう、また、コンビニから事務所に調書をFAXで送信し、日付記録を残すなどの方法が考えられます。

※ 事情聴取報告書

参考人から聴取を行った際には、録音の上で事情聴取報告書を作成するのがベターでしょう。最低限、「いつ、どこで、誰が、誰から事情聴取をした。どのように録音をし、それをどのように保管した」かについて記載しておきましょう。検察側証人への接触等で特に重要です。

---

(2) 現場の保全（現場調査）

事件に関連する現場では、できるだけ直接見に行くのがよいでしょう[11]。実際に事件の現場を訪れることで事件のイメージを掴みやすくなります。また、現場の防犯カメラの有無などを確認することも可能です。

現場を訪れたら、写真を撮影し記録しておきましょう。あとで現場の写真が証拠として必要となったときに再度写真を撮りに行くと二度手間となってしまいますし、関係者からの事情聴取の際にも、写真を見せるとスムーズとなります[12]。

(3) 証拠の確保

被疑者の身の周りには、証拠がたくさんあります。しかし、早期

---

11 事前にグーグルマップのストリートビュー機能を活用して現場の様子を確認しておくことで、効率的に現場を調査することができます。
12 写真を撮影した際には、写真撮影報告書を作成するとよいでしょう。撮影日時、場所、撮影者、撮影機材を記載した上で、写真を添付し作成します（デジタルカメラならばプリントアウトします）。写真撮影報告書は、のちに証拠として提出する際にも有用ですし、また、のちに自身で写真を見返した際にいつ、どこの写真であるのかが一目でわかるというメリットもあります。

に証拠を保全しておかないと、一定期間が過ぎると消えてしまう証拠もあります。公判の直前になって慌てて証拠を確保しようとしても、確保できないこともあります。

　以下に、主な証拠の取得方法を挙げます。
- 通話履歴、検索履歴の保全（NTT等の通信会社に請求）
- 留守番電話の録音、携帯電話内に保存されている画像、動画
- 携帯電話、電子通信機器に保存されているメール、メッセージ
- パスモ、スイカなどの電子通貨の取引履歴（パスモ、スイカなどは、100件までは駅の自動発券機などで確認できる）
- 金融機関の取引履歴（依頼者に通帳を持参してもらうか、取引履歴の開示請求）
- 交通事故証明書（自動車安全運転センターに請求）
- 不動産登記事項証明書（法務局に請求）
- 地積測量図、公図　建物所在図（法務局に請求）
- （自動車の）登録事項等証明書（陸運局に請求）
- 船舶登記簿謄本（法務局に請求）
- 小型船舶登録事項証明書（日本小型船舶検査機構に請求）
- （法人の）登記事項証明書（法務局に請求）
- 罹災証明書（依頼者を通じて消防署から入手）
- 火災原因調査書（消防署から入手または弁護士会照会）
- 消費者被害の情報（独立行政法人国民生活センターホームページ参照）
- 建設機械登記簿謄本（法務局に請求）
- （工業所有権に関する）登記簿謄本（特許庁に請求）
- 債権譲渡登記簿謄本（法務局に請求）
- 動産譲渡登記簿謄本（法務局に請求）
- 事故状況説明図（被疑者もしくは保険会社から入手）
- 印鑑登録証明書（市町村役場から入手）
- 特許登録原簿（特許庁に請求）

・特許登録公報（特許庁から入手）
・特許出願公報（特許庁から入手）
・出願書類（包袋記録）（特許庁に請求）
・車検証（被疑者、関係者から入手）
・死亡診断書（保険会社から入手）
・診断書（保険会社から入手）
・診療報酬明細書（医療機関ないし保険組合から入手）
・公表された事実（インターネット、新聞、週刊誌、書籍、SNS
　から入手）
・ホームページ、掲示板等のドメイン管理者・運営者の情報[13]
・インターネット上の情報の発信者の氏名住所[14]
・アクセスログ（アクセスプロバイダーに対する弁護士会照会）
・テレビ・ラジオで流れた情報（被疑者、関係者聴取や見逃し配
　信動画等）
・現場見取り図（現場を調査して作成する）
・気象証明書（地方気象台に申請して入手、もしくは気象庁ホー
　ムページをプリントアウト）

13　ホームページ、掲示板のドメイン管理者、運営者の情報を検索するためには、
　　「WHO IS」「IP ドメイン SEARCH」というサービスを利用し検索します。
14　インターネット上の情報の発信者の氏名、住所を特定するためには、まず、
　　プロバイダ責任制限法4条に基づき掲示板の管理・運営者に対して発信者情
　　報のうち IP アドレス、タイムスタンプの開示を求めます。その上で、それを
　　もとにアクセスプロバイダーに対して発信者情報の保存を命じる仮処分を行
　　い、本案訴訟で発信者情報の開示の請求をします。

(4)　弁護人が行うことができる証拠収集方法

ア　行政機関、事業者等への照会、開示請求

①　23条照会

　23条照会とは、弁護士法23条の2に基づき、公務所または公私の団体に照会をして、必要な事項の報告を求める手続のことをいいます。23条照会は、公務所照会（刑事訴訟法279条）とは違い、裁判所を介さずに照会を行えることから、よく使われる証拠収集手段となります[15,16]。

　費用は有料ですが、刑事弁護活動の一環として行われる場合には、国選事件であれば費用が無料になったり、また法テラスから実費が支払われたりするので、事実上費用負担はありません。

②　確定記録の閲覧、謄写

　被告事件に対応する検察庁に対して、訴訟記録の閲覧・謄写を請求することができます（刑事訴訟法53条、刑事確定訴訟記録法、記録事務規程17条参照）[17]。これらの記録は、共犯者の判決や尋問調書等を入手するために用いられます。

15　23条照会の利用例としては、留置施設・刑事収容施設に対する被留置者の挙動、面会状況、また体調・病状についての資料の照会、ホテルに対する宿泊者名簿の照会、スポーツクラブ、レンタルビデオ店に対する利用履歴の照会、所轄警察署に対する物件事故報告書（事故処理報告書）や不起訴記録の照会、所轄県警本部に対する信号サイクル表の照会等が挙げられます。

16　なお、23条照会によらずに任意の照会書を送付したり、電話で照会を依頼したりすることも行われます。しかし、相手方によっては、弁護士会や裁判所を通してほしいなどの要望がある場合があるので、そういう場合にはそれに従うしかありません。

17　保存期間は、その確定記録記載の罪の軽重によって違いがあるので留意が必要です（刑事確定記録訴訟法別表参照のこと）。

③ 市町村役場に対する戸籍謄本、除籍謄本、戸籍附票、住民票等の取寄せ

④ 行政文書開示請求

　行政機関の保有する文書につき、行政文書開示請求を行うことができます（行政機関の保有する情報の公開に関する法律3条）。例えば、捜査機関の内部通達や捜査書類の様式等が入手できます。

⑤ カルテの開示請求

　医療機関に対して、カルテの開示請求をすることができます（個人情報保護法25条）。被告人本人のものであれば、弁護人が被告人から委託を受けて請求することもできますが、他の患者のものであれば、個人のプライバシーに密接に関わる情報であるため、公務所照会や捜査機関を通しての依頼、提出命令等が必要になる場合が多いでしょう。

イ　裁判所を利用した証拠収集

① 勾留理由開示公判

　被疑者、被告人は、勾留に対する意見を述べることができます（刑事訴訟法84条2項）。その際、調書が作成されることとなるため（刑事訴訟規則86条）、被疑事実に対する主張や、取調べ状況等を供述させ，被疑者段階での供述の公的な保全手段として活用できます。

　弁護人としては事前に被疑者に朗読してもらう書面を作成し、被疑者に朗読させた上で書面を裁判所に提出して調書添付してもらうのがよいでしょう。

②　証拠保全

証拠が散逸したり、証明力が変化したりするようなものであれば、第1回公判前に限り、その証拠について裁判官に対して証拠保全の請求を行うことができます（刑事訴訟法179条1項）。

被疑者の逮捕前に被疑者が怪我を負い、その怪我の状況を保全する必要がある場合などには、証拠保全の手続を活用するとよいでしょう。

③　公務所照会

公務所または公私の団体に対し、裁判所からの照会を行うことができます（刑事訴訟法279条）。なお、回答としての報告書を証拠とするためには、その報告書の証拠調べ請求が必要となります。

裁判所からの照会であるため、23条照会より回答拒否が少ないのがメリットではありますが、回答の内容については検察官も知ることができるため、23条照会を利用するほうがベターでしょう。

④　取寄せ請求

他の裁判所の保管する書類について取寄せ請求を行い、そして、閲覧謄写をすることができます（刑事訴訟法40条）。なお、取り寄せた書類を証拠とするには、その書類の証拠調べ請求が必要です。

⑤　差押え、提出命令

裁判所が主体となる、強制処分としての差押え、提出命令です（刑事訴訟法99条1項、2項）。

⑥　検証、鑑定

裁判所が主体となる、強制処分としての検証、鑑定です（刑事訴訟法128条、165条）。

ウ　捜査機関を通じた証拠収集

①　還付請求、仮還付請求、押収に対する準抗告

　押収物で留置の必要がないものまたはなくなったものについては、還付または仮還付を求めることができます（刑事訴訟222条1項、123条1項・2項）。また、押収に対する準抗告（同法430条1項・2項）を行うことも検討しましょう。

②　追加捜査の要請

　捜査機関に対し、証拠収集等の追加調査を求めることもできます。例えば、被害者の手元にある証拠の収集などが想定されます。あくまでも捜査機関の任意の対応となるため、裁判所にも必要性を説き、協力を促す必要があるでしょう。

エ　弁護人が独自に作成する証拠

①　報告書

　弁護人が報告書を作成して証拠として請求することができます。例えば、示談経過に関する報告書などを作成することがあります。

②　内容証明郵便、抗議文

　例えば、違法な取調べに対して弁護人から内容証明郵便で抗議文を送付した場合などには、当該抗議文自体を証拠として利用できます。

⑸　弁護人が証拠収集するにあたって気を付けるべき点

①　調査の記録化、証拠化

　刑事事件に限ったことではありませんが、弁護人がいつ、どこで、誰と、何をしたのかをスケジュール帳等に常に記録することを心がける必要があります。また、必要に応じて報告書も作成して残しておくのがベターでしょう。

　刑事事件特有の事情として、弁護人が罪証隠滅行為その他違法な行為をしたのではないかと疑われることがあります。そうした事態に陥らないようにするために、明確な記録をしておくのがよいでしょう。

②　証拠物入手報告書

　証拠物を弁護人が独自に入手した場合には、証拠の関連性、成立の真正を明らかにするために、必ずその入手過程を報告書化しておく必要があります。

5　示談交渉

　示談の成否や被害弁償の有無は、量刑事情として重視される事情の１つですし、検察官の終局処分の判断にも大きな影響を与えます。そのため、弁護人としては示談の成立可能性や被害弁償の可能性が少しでもあるのであれば、示談・被害弁償の成立に向けて注力して活動をする必要があります。

(1)　示談に向けた準備

　示談・被害弁償にあたっては、事前に被疑者（被告人）との示談金・被害弁償金の原資の確保、示談・被害弁償の条件、被害者が対案を提示してきた場合にどこまで譲歩ができるか、などの事柄について綿密な打ち合わせをする必要があります。

　また、弁護人は、示談に要する費用をあらかじめ算定し、被疑者（被告人）に対して示談に必要な相当額を用意できるか確認しておく必要があります。弁護人が示談金を建て替えることはご法度です。

　なお、示談が成立しても執行猶予が微妙な事件の場合などには、捜査や判決の見通しについて被疑者（被告人）に過剰な期待感を与えないように注意する必要があります。

　被疑者が被害者の連絡先を把握している場合には、直接弁護人が被害者に連絡をとり交渉を開始します。被害者の氏名・連絡先等の情報がわからない場合には、示談のために被害者に連絡をとりたい旨を担当検事に伝え、担当検事を通じて連絡先を教えてもらうのがよいでしょう[18]。

(2)　示談の内容

　示談の内容は、被害者の意向に従い、被疑事実・公訴事実については もちろん、周辺事実についても示談の対象に含める場合もあります[19,20,21,22]。

　示談書の記載事項として、弁護人は以下の事項を盛り込めるかを 検討する必要があります。

①　示談の範囲（被疑事実の特定）の確定

　被疑事実は、勾留状を確認し特定することができます。

　示談をする際には、被疑事実以外の事件をも併せて示談をすることがあります。示談の範囲を被疑事実の範囲に限るか、それ以外の事実も含めるか、慎重に被害者と交渉し決める必要があります。

18　通常、検察官は、弁護人からこのような要請を受けた場合、被害者に連絡をとり「被疑者の弁護人が示談交渉のためにあなたの連絡先を教えてほしいと申し出ているが教えて差し支えないでしょうか」といった問い合わせをし、被害者の承諾が得られた場合に、検察官から弁護人に被害者の連絡先を教えてもらえます。

19　共犯者がいる場合には示談金の分担をどうするか、という問題も起こります。共犯者間で共同歩調がとれる場合は弁護人間で連絡をとり合い、共同で示談を行うこととなります。

20　共犯者がいる場合に、共犯者の氏名は勾留状により確認するか、取調べ担当検事に聞くことにより確認することができます。共犯者の弁護人の氏名・連絡先は、示談交渉のためであれば、取調べ担当検事が開示してくれることが多いといえます。

21　刑法上の被害者ではない人物との示談（例えば、路上で交際相手に対して刃物を向けた銃砲刀剣類所持等取締法違反の被疑者の場合、刑法上の被害者ではありませんが、当該交際相手と示談をすることが、勾留回避に向けてプラスになることもありますし、終局処分に向けてプラスとなることがあります。刑法上の被害者が存在しない場合にも、弁護人は示談交渉ができないか考える必要があります。）

22　示談書には、精算条項の他、宥恕文言、嘆願文言、被害届取下げ・告訴取消しの意思など、様々な事情を盛り込めないか、検討する必要があります。

② 示談金（被害弁償金）

　経済的被害が弁償されたことを裏付ける一事情として、多くの場合一定程度の示談金は設定すべきです。ただし、被害者側から法外な示談金の要請がなされた場合には、被疑者と相談の上、示談を締結しない、という結論に至る勇気も必要です。

　被疑者と被害者の関係性によっては、わずかな示談金で示談が成立する場合や、0円で示談が成立する場合もあります[23、24]。示談金の原資がないからといって、最初から示談をあきらめることのないようにしなければなりません。

③ 接触禁止条項

　元々被疑者が被害者の連絡先を知っている場合には、接触禁止条項を盛り込むことを被害者側から求められることが多いですので、あらかじめ示談書案を作成する場合には盛り込むのがよいでしょう。

　痴漢、盗撮事案のように、元々被疑者と被害者が面識のない事案であったとしても、極力被疑者と被害者が接触する可能性をなくし、被害者に配慮することが大切となります。例えば、「○曜日の午前9時～午前10時までの間、市営○○線の○○駅から○○駅までの区間は今後使用しないことを約束する。」などという条項を設ける場合があります。

23　筆者自身、これまでに、夫婦間の暴行事件、職場内での窃盗事件などで、示談金を0円とする示談を取り交わしたことがあります。

24　一審判決までに示談が成立せず、控訴審段階で示談が成立した場合には、示談金がわずかな金額であったり、0円であったりする場合、将来示談金を支払う条項になっている場合などには、原判決が破棄されずに控訴棄却となってしまう場合もあります。弁護人は、被疑者・被告人の置かれている状況に鑑みて柔軟に示談金の額を検討する必要があります。

④　口外禁止条項

　当該事件の内容がSNS上に挙げられた場合や後に報道機関に情報が渡り報道されてしまった場合には、被疑者の職業や家族関係に深刻なダメージを与えてしまう可能性があります。そのような可能性を排除するためにも、口外禁止条項を盛り込む必要があります。

⑤　反省文言

　被疑者の反省の有無は終局処分に影響する可能性がありますので、必ず盛り込むようにしましょう。

⑥　宥恕文言

　なるべく平易な表現で記載することを心がける必要があります。「宥恕」という言葉を使ってしまうと、示談の際には被疑者を許すつもりがあったのにもかかわらず、後に、検察官から被害者が「宥恕という言葉を弁護人が十分に説明しなかったため、意味がわからずに示談書を作成してしまったが、本当は被疑者（被告人）を許すつもりはなかった。」と言っている、との電話聴取書が証拠請求されてしまう可能性があります。「宥恕」という言葉は使わず「許すこととする」などといった平易な表現を使用するのがよいでしょう。

⑦　嘆願文言

　被害者が減刑嘆願しているか否かは、検察官が終局処分をするにあたって考慮する一事情となります。

⑧　被害届取下げ・告訴取消し文言[25, 26, 27]

⑨　精算条項[28]

⑶　被害者との連絡

　示談交渉をするにあたっては、被害者の連絡先を入手することも必要です。

　被害者の連絡先を入手するには、被疑者（被告人）及びその関係者が被害者の連絡先を知らなければ、検察官または警察官に問い合わせるしかありません。弁護人の問い合わせに対しては、検察官・警察官は、被害者に連絡先を教えてよいか確認し、その了解がとれたときに初めて弁護人に被害者の連絡先を教えるという対応をするのが一般的です。

　被害者の被害感情が強い場合には、捜査機関を通じて連絡先を教えない旨の回答されることも少なくありません。このような場合には、1回であきらめることはせず、時間を置いて再度問い合わせるなど、示談をあきらめてはいけません。

25　被害届の取下げは法律上の制度ではありません。しかし、被害届の取下げをしたことは、処罰感情が緩和されたことを意味するものとして、検察官が終局処分をする際に一定程度考慮されている実情があります。したがって、被害者が被害届取下げに同意する可能性がある場合には、弁護人は被害届取下げ書を取得できないか試みる必要があります。

26　親告罪の場合には公訴提起前に告訴取消し書の入手ができないか、試みる必要があります。親告罪ではない場合にも、被害者の告訴取消しの意思表示は処罰感情の緩和を意味するものとして、検察官の終局処分に影響を与える可能性がありますので、取得を試みる必要があります。

27　被害届取下げ書は当該事件を取り扱う警察署に、被害届取消し書は担当検察官に提出する必要がありますので、必ず示談書とは別に作成するようにしましょう。

28　精算条項がなければ私法上の和解契約が成立していないこととなってしまいますし、被害弁償が十分でない（被害が回復されたとはいえない）と評価されてしまう可能性があります。したがって、精算条項は必ず記入しなければなりません。

⑷　示談交渉の場所

　示談交渉の場所は、基本的に被害者の意向に従います。被害者の心情に配慮し、喫茶店などを利用することが一般的です。

⑸　示談交渉

　示談交渉する際には、まず謝罪をしてから被害弁償の話をすることが大事です。示談交渉の相手は当該犯罪の被害者であること、示談というのは謝罪の意味もあることを念頭に置きましょう。

　その上で、被害者の意向に極力従い、被疑者や被疑者の関係者を示談交渉の場面に立ち会わせるかを検討しましょう。被害者の意向を無視して被疑者や被疑者の関係者を立ち会わせることは絶対にしてはならないことです。

　また、被害者は、すぐに示談に応じてくれないこともあります。しかし、時間を置いて再度示談交渉を行うなど、示談をあきらめてはいけません。

　示談交渉の際、調印する前に必ず示談書記載の内容で問題がないか、確認をするようにしましょう。後で検事が被害者の電話聴取書を提出し、示談書の信用性を争う可能性があります[29]。

---

29 後に示談書の記載内容の信用性を争われないようにするためには、示談書の取り交わしの前にメール（メールの場合 Word 形式か PDF 形式）や FAX で被害者に示談書の文案を送付して被害者が検討する時間を設けておくべきでしょう。また、被害者が修正を望む事項がある場合には、示談書案に Word 形式の場合には直接修正をしてもらい、PDF 形式・FAX 形式の場合には手書きで修正してもらい、被害者の意向を踏まえて示談書を取り交わした証拠を残しておくことが大切です。また、示談交渉で被害者と会った際に、適宜加筆・削除するなどして、被害者の意向を反映して示談書を作成したことを記録化しておくことも大切です。

(6) 示談交渉を成立させることができなかった場合

　たとえ示談が成立しなくても、被害内金として賠償金を受領してもらい、領収書をもらうという方法があります。また、仮に被害内金すら受領してもらえないような場合には、示談交渉の経過を報告書等にまとめるという方法をとることができます[30]。

　さらに、被害弁償金、示談金を法務局に供託するという方法もあります。

　これらの方法は、仮に示談が成立しなくても検察官の処分や裁判官の量刑判断に一定の影響を与える効力を持ちます。

---

[30] 被害者に被害内金を受け取ってもらえなかった場合にとる手段としては、上記に挙げたものの他に贖罪寄付という方法もあります。贖罪寄付は、弁護士会や法テラス、その他日弁連人権特別基金、日弁連交通事故相談センター、カリヨン子どもセンター、犯罪被害者を支援する各種団体等が受け付けています。事案に応じた寄付先を検討しましょう。

6　取調べ内容の記録

　取調べ内容を記録しておくことは非常に重要な事柄です。できる
だけ被疑者の記憶が鮮明なうちに、取調べの内容・取調べ時の状況
などをメモして保存しておくべきでしょう[31]。

　取調べは、捜査機関から被疑者が捜査の進捗状況等を知ることが
できる貴重な機会でもあります。

　取調べの内容を被疑者から弁護人が聴取することにより、捜査の
進捗状況を知ることができ、また、事件の終局処分の見立てを立て
ることができます。

　捜査が十分進捗している場合には、罪証隠滅のおそれは相対的に
低下しているのですから、勾留を回避するための手段や保釈請求の
手続を検討すべきでしょう。さらに、捜査が終了しているのにいた
ずらに勾留が継続されている場合には、勾留取消請求や準抗告など
の手続を検討すべきです。捜査が進捗し、起訴される可能性が高い
ことがわかれば、起訴される可能性が高いことを前提として証拠収
集、示談交渉、保釈請求、証人の確保などの様々な活動をすること
ができます。取調べを通じて再逮捕や追送致・追起訴の可能性の有
無を知ることができるケースもあります。

　不当な取調べが行われている疑いがある場合には、被疑者ノート
を被疑者に差入れすることが有用となります。被疑者ノートとは、

31　弁護人がこまめに接見して取調べの内容・状況を把握しメモをしておくこと
　も重要ですし、被疑者ノートなどの手段を用いて、被疑者に取調べの内容・
　状況をメモしておいてもらうことも重要です。

被疑者本人が自分で取調べの状況や内容を記録するためのノートです。被疑者ノートを活用し、被疑者本人に取調べの内容や状況を記録しておくことにより、のちに刑事裁判になったときに不当な取調べがあった事実や不当な取調べの結果虚偽の自白調書が作成された事実を立証できるケースがあります[32]。

---

[32] 被疑者ノートを作成しておくことにより、①違法・不当な取調べがあったことを記録することができ、のちに違法・不当な取調べの結果作成された自白調書の効力を争うことができる、②被疑者の被疑者段階での言い分を記録しておくことができる、という2つの効果があるほか、③弁護人が被疑者の言い分や状況を把握しやすくなる（弁護人は、限られた時間で接見室内において、被疑者から様々な事柄を聞かなければなりません。予め被疑者ノートを閲覧することができれば、弁護人は状況を把握しやすくなりますし、効率的に接見に臨むことができるようになります）、という副次的効果があります。ただし、せっかく被疑者ノートを差入れしたとしても、詳細に書かれていなければ効果がありません。弁護人は、こまめに被疑者と接見し、被疑者ノートにしっかりと記載がなされているか確認し、被疑者が記入を怠っている場合には、被疑者ノートにしっかりと記入するよう指示・指導することが重要です。

7　外国人被疑者の場合の留意点

被疑事件の証人候補者が、退去強制となってしまったり、近々出国する可能性が高い場合には、証拠保全の手続を採る必要があります[33]。

証拠保全の手続が採用されなかったり間に合わないこともありますので、弁面調書や陳述書を作成[34] しておくほか、調書や陳述書を作成する際の様子を録音録画しておくことも有効です。

入管に収容されている者は外部へ電話連絡することができますので、電話連絡する際に事情を聴取し、録音しておくことも1つの手段となります。

(1)　外国にいる親族・知人などからの証拠の入手

本国にいる親族・知人から陳述書や上申書を入手し、証拠として使用する場合があります。本国にいる親族・知人のメールアドレス、電話番号、SNS（例えば、LINE、ウィチャット、ツイッターなど）のアドレスなどを入手し連絡を試みるのが簡便です。

本国の制度や法律を調べたい場合には、領事館（大使館）に問い合わせることにより、教えてもらえる場合があります。

33　刑事訴訟法179条、刑事訴訟規則137条、138条参照
34　その場合には、入手次第直ちに公証役場で確定日付をもらっておくべきです。

(2) 在日領事館、在日大使館からの証拠の入手

被疑者の戸籍、婚姻証明書、在職証明書、卒業証明書など、領事館・大使館において様々な証明書を発行してもらえます。

8　少年被疑者の場合の留意点

(1)　家裁送致日の確認

　　家裁送致日は、担当検事に問い合わせをして確認をすることになります。成人の場合には、勾留満期の前日にならないと見通しを教えてくれない検事が多いですが、少年の場合には、比較的早いタイミングから家裁送致の予定日を教えてくれることが多いといえます[35]。

(2)　家裁送致に向けた準備

　　家裁送致に際しては、検察官が非行事実を特定して送致します。したがって、非行事実に争いがある場合には、検察官が家裁送致をする前に検察官に非行事実についての意見書を提出すべきです。

　　家裁送致日には、観護措置が採られることを回避するために、家庭裁判所に意見書を提出することが必要なケースがあります。観護措置の要件は「審判を行うために必要なとき」（少年法17条1項）とされています。

　　一般的には、①審判条件があること、②少年が非行を犯したこと

---

[35] 勾留満期が土日祝日の場合には、その直前の金曜日に家裁送致されることが多いです。少年の場合勾留満期を待たずして家裁送致されることがあります。そのため、弁護人は、比較的軽微な事案などでは早期の家裁送致を検察官に要請すべきです。

を疑うにたる事情があること、③審判を行う蓋然性があること、④
観護措置の必要性があること、と解釈されています。④の観護措置
の必要性は、以下の３つのいずれかの事由がある場合に認められま
す。弁護人としては、被疑者段階でアないしウの事情の該当性を否
定する証拠を確保し、かつ、環境調整（少年の家庭環境の改善をさ
せるべく両親や親族と打ち合わせをする、就学先・就労先を確保す
るなど）を図る必要があります。

　ア　調査、審判及び決定の執行を円滑、確実に行うために、少年
　　の身体を確保する必要があること（住居不定、証拠隠滅のおそ
　　れ、逃亡のおそれがある場合など）

　イ　緊急的に少年の保護が必要であること（自殺や自傷のおそれ
　　がある場合、虐待のおそれがある場合など）

　ウ　少年を収容して心身鑑別をする必要があること

　家裁送致日には、意見書の提出以外に、裁判官面接、少年との裁
判所での面会、法律記録の閲覧・謄写請求など、様々な付添人活動
をしなければなりません。スムーズにこれらの活動をするために、
事前に付添人選任届を被疑者から受領しておく必要があります。

第6章

接　見

1　弁護人と被疑者との接見

(1)　留置場における接見

　被疑者が留置施設（代用監獄）において逮捕・勾留されている場合には、被疑者が在所していれば、24時間曜日を問わず接見に赴けば接見を実施することができます[1]。したがって、事前に予約してから接見に行く必要はありません[2,3,4]。

　他方、留置施設では、数少ない人員で様々な業務（押送、逆送、

1　接見交通権は、憲法34条、37条2項、国際人権規約14条3項、強制失踪条約17条2項（d）号により被疑者・被告人・弁護人に保障された人権です。少年と付添人との接見交通権は、子供の権利条約37条（d）項においても保障されています。不当な接見制限を受けた場合には、断固として抗議する必要があります。なお、接見交通権に関連する規定は、刑事訴訟法39条のほか、少年鑑別所処遇規則39条2項、少年院法93条1項括弧書などが挙げられます。

2　拘置所の時間外・休日の接見の取扱いは、接見が被疑者との当該施設での初回の接見であれば、連続する休日のどの日であっても、平日と同様の時間に接見できることとなっています。2回目以降の接見については、原則として土曜日の午前中に限り接見できることとなっています。被疑者の夜間接見は午後8時までならできることとされています。被疑者が被疑者の地位を失い単なる「被告人」「受刑者」の立場になった場合には、接見のルールも変わってきますので注意が必要です。

3　執務時間外の接見については、「留置施設の管理運営上支障があるときを除き、これを許すものとする」（刑事被収容者処遇法220条3項）、「刑事施設の管理運営上支障があるときを除き、これを許すものとする」（同法118条3項）と規定されています。仮に接見の実施を拒否された場合には、まず、管理運営上、いかなる現実的かつ具体的な支障があるのか明らかにするように求めて折衝し、それでも接見が実施できない場合には準抗告の申立をすべきです。

食事、健康診断、就寝準備、新入り検査、大交代等）が行われていて、それらの業務中には接見を待つよう要請されることがあります。原則、これらの行事は接見交通権を制約する正当化事由にはなりませんので、接見を急ぐ場合などには、抗議をして直ちに接見を開始するようにすべきです。しかし、接見に行く際に毎度抗議するのでは、抗議にかかる時間や待機時間がかかり、効率が悪い場合もあります。

　また、留置施設によっては接見室がわずか1室しかない警察署もあります。その上、平日の昼間は一般人も接見室を利用します。もちろん、他の弁護士も接見室を利用します。接見に訪問するタイミング次第では、長時間の待ち時間が発生してしまうことはよくあることです。

　そこで、待ち時間の無駄を省き、効率よく接見をするためには、最低限食事の時間、押送・逆送のタイミング、就寝準備の時刻などを事前に把握しておき、それらの時刻を避けて接見に訪問することにより、無駄な時間を省くことが可能になります[5]。一般人が面会することができない時間帯・曜日（例えば、留置場内の食事の時間帯（一般的に正午から午後1時までは、一般人は面会することができません。他方、実際の被疑者の食事は10分、15分程度で終了しますので、午後0時15分から午後1時までの間に接見の申出をすれば、比較的スムーズに接見をすることが可能です）、午後5時以

4　休日や執務時間外の接見の手続については法務省と日弁連との申し合わせ事項があります。詳細は、「接見交通権マニュアル20版」136頁をご参照ください。

5　例えば、東京都内の警察署・留置施設では、ある警察署（S警察署）を除き、昼食は12時～1時、夕食は5時半～6時、就寝準備は午後8時半から9時の間と決まっています。押送・逆送のタイミングは、警察署によりまちまち（押送・逆送は、裁判所や検察庁から遠い警察署から近い警察署へ順次被疑者を集めて行く方法で行われます。そのため、裁判所や検察庁から遠い場所にある警察署では、押送の時刻が早く、逆送の時刻が遅くなります）です。

降の深夜帯、土日祝日など）に警察署を訪問すれば、スムーズに接見することができる確率が上がります。

　事前に警察署に接見を予約する必要はありませんが、他方で、無駄足や無駄な待ち時間を省くために、事前に留置施設に接見に行くことを告げ、それとなく今接見に訪問した場合に接見することが可能かを問い合わせることは有用です[6,7]。被疑者が現に取調中であること、別の弁護士が接見室を使用していること、接見待ちの弁護士の人数、被疑者が引き当たり・検事調べ・勾留質問などのために不在にしていることなどを事前に知ることができれば、無駄足を運ぶことを防ぐことができます。

(2)　拘置所・刑務所在所中の被疑者との接見

　被疑者が拘置所や刑務所に在所している場合には、拘置所や刑務所の接見についてのルールに従う必要があります。刑事施設における接見については、2007年に日弁連と法務省矯正局との間で、刑事施設等における接見の申し合わせ事項がとりまとめられています[8]。申し合わせ事項の概要は次のとおりです。

6　事前に訪問予定を告げておくことにより、留置場で例えば「新入り検査」があり、留置係官が不在になることが予定されている場合などには、訪問予定時刻に接見対応が可能なように待っていてくれることもあります。不当な接見妨害には断固戦う姿勢が必要ですが、留置施設側の都合にも一定程度配慮し、スムーズに接見することができるよう工夫することもまた大切です。

7　事前に訪問予定や在所の有無を確認した際、引き当たりのため不在であること、検事調べや勾留質問などのため不在であることが確認できれば、被疑者がそれらの手続を終え帰ってくる時間を推測し、それ以降に接見に訪問すればスムーズに接見することができる可能性が高まります。また、検事調べや勾留質問の予定が把握できた場合において、都合が合い、検察庁や裁判所で接見を実施することができれば、効率よく接見を実施することが可能になります。

8　全文は「接見交通権マニュアル20版」154頁参照

1　夜間接見（平日の刑事施設の執務時間終了後から午後 8 時まで
　の接見）・休日接見の予約
　・面会当日の午後 3 時 30 分までに予約を行うこと
　・面会希望日に公判期日が開かれており、翌日にも公判期日が予定
　　されている場合は、当該面会希望日の執務時間までに予約を行う
　　こと
　・休日接見については、その直近の平日の執務時間内の予約を行う
　　こと
2　夜間接見の実施が認められる場合
　（1）被疑者の夜間接見：認められる
　（2）被告人の夜間接見：以下の場合に認められる
　　・接見希望日から起算して 5 日以内に公判期日（公判前整理手
　　　続期日、期日間整理手続期日を含む）が指定されている場合
　　・上訴期限、控訴趣意書等の提出期限が接見希望日から起算して
　　　5 日以内に迫っている場合
3　休日接見の実施が認められる場合
　（1）被疑者の休日接見
　　・初回接見：土曜日及び日曜日並びにこれと連続する休日の午前
　　　　　　　　9 時〜午後 5 時
　　・2 回目以降の接見：土曜日の午前中
　（2）余罪捜査中の被告人または受刑者で被疑者として逮捕または
　　　　勾留されている者の接見：土曜日の午前中
　（3）被告人の休日接見
　　・接見希望日から起算して 2 週間以内に公判期日が指定されて
　　　いる場合に土曜日の午前中に限り認められる。
　　・上訴期限、控訴趣意書等の提出期限が接見希望日から起算して
　　　2 週間以内に迫っている場合
4　例外的措置
　　・弁護人等が遠隔地から来訪する場合、要通訳事件で通訳人が遠

　方から来訪する場合、未決拘禁者から別件で取調べを受けたの
　で接見したい旨の信書等が休日またはその直前に届いた場合な
　どの緊急性及び必要性が認められる場合には夜間、休日接見が
　認められる。
5　少年鑑別所に拘留中の少年、監護措置中の少年の付添人との夜
　間、休日接見については上記に準じる。

　留置場では様々な専門用語、隠語が使用されています。ここで
は、いくつかそれらの用語を紹介していきます。

■図表6-1　留置所で使用される専門用語・隠語例

単　語	説　明
押送	被疑者を警察署から裁判所や検察庁に連れていくこと
逆走	被疑者が裁判所や検察庁から帰ってくること
差入れ	弁護人や親族、知人等が、勾留等されている被疑者（被告人）に対し物品を引き渡すこと
宅下げ	勾留等されている被疑者（被告人）が自己の物品を弁護人等外部の者に引き渡すこと
中間調べ	勾留満期までに検事に呼ばれること
新入り	留置場や拘置所に新しく収容されること。または収容された者
はと	主任以外の弁護人を介して、被疑者（被告人）が外部の関係者に内密な伝令をすること。鳩、鳩目と呼ばれることもある。
ガサ入れ	捜索差押えのこと
弁当（弁当持ち）	執行猶予のこと。弁当持ちとは、執行猶予中の身であることをいう。

きっぷ	逮捕状や捜索令状のこと。「きっぷが出ている」などと使う。
柄（ガラ）を取る	逮捕すること。身柄を取るともいう。なお、身柄引受人のことを「柄受け」という。
鑑（カン）取り	交友関係の捜査のこと
パクられる	逮捕されること
引き当たり	被疑者を逮捕現場などに連行して、犯行時の裏付け捜査をすること
面割り	複数の者の写真を台帳に添付し、それを被疑者に見せて犯人を特定すること
ヤマ	事件のこと
シャバ	通常の社会、世間のこと。「シャバに出る」とは、釈放されるという意味
シノギ	（主に反社会勢力において）収入源、生活手段
ネタ	（主に事件についての）情報のこと。身柄を取るための情報を「ヒキネタ」という。違法薬物事犯で薬物のことを指すこともある。
パケ	（主に違法薬物事犯で）小分けにした違法薬物の小袋のこと
注射器	（主に違法薬物事犯で）ストローのこと
ポンプ	（主に違法薬物事犯で）注射器のこと
葉っぱ	（主に違法薬物事犯で）大麻のこと
シャブ	覚せい剤のこと
ハコ	交番のこと
ワッパ	手錠のこと
架け子	振り込め詐欺等で被害者に電話をかけて、被害者を欺罔する役のこと
受け子	振り込め詐欺等で被害者から金員を受け取る役のこと

出し子	振り込め詐欺等で被害者に振り込ませた金銭を、ATM等で出金する役のこと
板（いた）	携帯電話のこと
飛ばしの携帯	他人名義のプリペイド式携帯電話のこと
チャカ	けん銃のこと
絵（画）を描く	計画や作戦を立てること
空気を入れる	第三者が被留置者や関係者に余計なことを吹き込むこと
パイになる	不起訴になること。釈放の意味で使うこともある。
文発	被留置者が外部の人に文書を発する手続のこと。弁護人が被留置者から文書を受け取る際、文発の手続を取っていると宅下げ時に文書にサインをしなくて済む。
玉入れ	陰茎に球状の球を入れること。または入れたこと
刑務所太郎	刑務所と「シャバ」を行ったり来たりする人のこと
年少	少年院のこと
宮本	留置場に備え付けてある本のこと
慰問	刑務所にタレントや歌手などが講演に来ること
フライパン	恐喝のこと
ピンク	性犯罪のこと
箱師	窃盗（電車などで行うスリ）のこと
サンズイ	汚職事件のこと
オヤジ	刑務官（特に刑務作業を見張ったりする看守）のこと
デカ	警察官（刑事）のこと

ガイシャ	被害者のこと
前（マエ）	前科のこと
唄う（うたう）	自供すること
お礼参り	仕返しや報復のこと
完落ち	全面的な自白をすること
エンコ	指のこと
シャリ	飯のこと。また「シャリアゲ」は、刑務所内で他人の食事を取り上げてしまうことをいう。
アカ落ち	刑務所に服役すること。受刑者になること
お宮（お宮入り）	事件が未解決のまま迷宮入りすること。捜査が行き詰まり、未解決のままになること
めくれる	余罪があることが発覚すること
吐く（げろる）	自白すること
鉄砲玉	（主に反社会勢力において）敵対勢力に対するヒットマン、突撃攻撃を仕掛ける人のこと
替え玉	身代わり的に出頭すること
ゲソ（ゲソ痕）	足跡のこと
カンベツ	鑑別所のこと
タイ（テイ）をかわす	事故に対して逮捕状が出ている場合に逃げること
即尋	送検日に勾留質問まですること
コウボウ	公務執行妨害のこと

(3) 逮捕直後の接見

　逮捕直後、通常被疑者は捜査車両に乗車させられ、最寄りの警察署や捜査担当警察官が所属する警察署に移動し、取調べを受けることになります。その後しばらくすると、警察署の留置施設の空き状

況などの事情、事案の性質、共犯者の有無[9]、被疑者の年齢[10]、性別[11] などが考慮され、留置場所が決まります。

　逮捕直後に被疑者から接見要望の連絡を受けた場合には、留置場所が決まっていないこともままあります。その場合には、取調べ担当警察官に連絡をとり、取調べをしている警察署内で接見をすることを求める方法があります[12,13,14]。

　なお、最高検と警察庁は平成20年5月8日付の通達を発出しています。概要は次のとおりです[15]。不当な接見制限を受けた場合には、この通達を1つの根拠にして抗議するべきです。

　　1　被疑者の弁解録取の際に、取調べ中に弁護人と接見したい旨の申出があれば、直ちにその旨を弁護人に連絡することを被疑者に告知する。

　　2　取調べ中に被疑者から弁護人と接見したい旨の申出があった場合には、直ちに弁護人に連絡する。

　　3　取調べ中の被疑者について弁護人から接見の申出があった場

9　共犯者がいる場合には、共犯者とは別の留置施設において勾留されるのが一般的です。

10　被疑者が少年の場合には、少年専用の部屋がある留置施設、それがない場合には、単独室において勾留されるのが一般的です（少年法49条3項）。

11　女性は、女性専用の留置施設において勾留されます。

12　最高裁第三小法廷平成12年6月13日判決は、逮捕直後の初回接見について、「身体を拘束された被疑者にとっては、弁護人の選任を目的とし、かつ、今後捜査機関の取調べをうけるに当たっての助言を得るための最初の機会であって、直ちに弁護人に依頼する権利を与えられなければ抑留又は拘禁されないとする憲法上の保障の出発点を成すものであるから、これを速やかに行うことが被疑者の防御の準備のために特に重要である。」とし、指定の要件の認められるときでも、即時または近接した時点での接見を認めるべきと判示しています（第7章181ページに要旨を掲載）。

13　近々逮捕される可能性がある在宅の被疑者から依頼を受けた場合には、仮に逮捕された場合には取調べ担当警察官を通じて弁護人事務所に接見要望の連絡をするよう指示しておけば、逮捕後すぐに接見要望の連絡を受け、接見を実施することが可能になります。

合には、できる限り早期に接見の機会を与えるようにし、遅く
とも直近の食事または休憩の際に接見の機会を与えるように配
慮する。

(4) 検察庁構内での接見

起訴前の段階、特に送検日や勾留満期の前日ないし前々日には、
被疑者が検察庁に押送され、取調べを受けることがあります。被疑
者が体調の問題のため「単独押送」されるケースや、刑事施設と検
察庁が隣接しているケースを除き、基本的に被疑者は早朝警察署を
出発し、午前9時半頃から午後4時頃まで一日中検察庁構内の待機
施設に待機することになります。検事調べが実施される時間帯や食
事の時間帯以外は待機施設で長時間過ごすことになります[16]。

東京など一部の検察庁では、地検庁舎内に設置された接見室を利

---

14 留置場入場前の被疑者との接見を申し出た場合、「逮捕手続中である」「弁解
　録取手続中である」などといった口実で接見拒否をされることがあります。
　弁解録取は、被疑者に弁解の機会を与えるとともに、それにとどまらず連続
　して事実関係等について被疑者の供述を聴取することもあり、実質的に取調
　べと区別することは困難です。被疑者は、弁解録取手続及びこれに付随して
　作成される弁解録取書等の刑訴法上の意味を弁護人との接見により助言を受
　けて十分理解した上で対処する必要があります。したがって、弁解録取手続
　中は接見させないとする根拠がないことを訴え、直ちに接見を実施するよう
　求めるべきです。なお、さいたま地裁平成25年10月24日判決は、「弁解録
　取手続の内容が実質的には取調べに該当するようなものである場合には、上
　記に述べた趣旨は該当せず、被疑者の防御権を保障するため、上記弁解録取
　手続に先立ち接見等の機会を与えなければならないし、この場合に接見等を
　制限できるのは、「捜査のため必要があるとき」として接見指定をした場合に
　限られるというべきであるから、これらの手続等がないままに上記弁解録取
　手続を行うことは接見交通権を侵害する違法な行為にあたる」と判示しました。
15 「接見交通権マニュアル20版」122頁参照
16 被疑者が「即尋」「単独押送」の取扱いを受ける場合にはタイムスケジュール
　が大幅に変わりますので、注意が必要です。

用して接見することが可能です。接見室を利用する場合には、予め担当検察官に連絡し、予約をしておけば接見することができます[17,18]。

　検察庁構内に接見室が設置されていない場合には、適宜取調室を利用して接見することが可能です[19,20]。

　検察庁における接見の際には、弁護人選任届や名刺などの書類を除き、物品を差入れしたり宅下げしたりすることはできません。

　ただし、誓約書、契約書、弁護人選任届、刑事被疑者弁護援助利用申込書など、被疑者に差入れし、即時に署名・指印してもらい、即時に宅下げをすることを予定している文書（占有の移転を伴わない文書）など弁護活動のために必要な文書については、差入れ・宅下げを受けることが可能です[21]。検察庁における接見を活用すれ

17　東京地検の場合、送検日などまだ担当検察官が決まっていない場合や、担当検察官が不在にしている場合であっても捜査担当事務室に連絡し、接見の予約をすることが可能です。

18　東京地検本庁の場合20分間に限り接見が許される運用となっています。（被疑者の乗車した護送車が検察庁に到着していれば）午前9時から午後3時半まで、30分おきに予約ができます（例えば、午前10時からの予約ができた場合には、午前10時から午前10時30分までのうちの20分間に限り接見が認められます）。なお、接見室は3室あります。

19　最高裁平成17年4月19日判決は、当時接見室のなかった広島地検において接見室の不存在を理由とする検察官の接見拒否は必ずしも違法とはならないが、他方、「弁護人等がなお検察庁庁舎内における即時の接見を求め、即時に接見をする必要性が認められる場合には、立会人の居る部屋での短時間の接見などのように、秘密交通権が十分に保障されないような態様の短時間の接見（面会接見という）であってもよいかどうかの意向を確かめ、弁護人等がそのような面会接見であっても差支えないとの意向を示したときは面会接見ができるように特別の配慮をすべき義務がある」と判示しました（第7章183ページに要旨を掲載）。

20　筆者は、接見室のない八王子区検の庁舎において、取調室を利用して接見を実施したことがあります。また、東京地方検察庁構内において、接見室が満室だった際に取調室を流用して接見を実施したことがあります。

21　これらの物品を差入れ・宅下げする場合には事前に検事に連絡しておく必要があります。

ば、効率的に弁護活動をすることができます。

(5)　裁判所構内での接見

　勾留質問日[22]、勾留理由開示公判日、求令状起訴日、家裁送致日などには、被疑者・少年は裁判所構内に在所しています。また、被疑事件とは別件で被告人の立場となっている場合には、公判期日に裁判所構内に在所しています。

　裁判所構内での接見を活用すれば、弁護人事務所から留置場のある警察署までの距離が離れている場合などに、留置場よりも近くにある裁判所を利用して被疑者と接見をすることができますので、うまく活用すれば効率的な弁護活動をすることができます。

　ただし、裁判所構内に被疑者が在所している時刻には限りがありますし、接見が許可される時間が短時間のこともあります[23、24、25、26]。裁判所での接見は、急ぎの要件を被疑者に伝えるな

22　横浜家裁のように少年被疑者の場合には、勾留質問を地方裁判所ではなく家庭裁判所が行う裁判所が存在します。被疑者の属性に従い勾留質問を行う裁判所が変わる可能性がありますので注意が必要です。

23　東京地裁の場合には、勾留質問を受ける被疑者は、送検される被疑者と一緒に各留置場からバスに乗せられ、午前9時頃に東京地検に到着します。到着後、送検された被疑者は検察庁内の待機場所で待機し、他方、勾留質問を受ける被疑者は裁判所に向けて出発します。午前10時頃には裁判所に到着し、勾留質問以外の時間は裁判所構内の待機施設にて待機させられます。午後3時を目途に、勾留質問を受け終わった被疑者はバスに乗せられ、検察庁に向かいます。検察庁到着後の午後3時半頃、送検された被疑者と共にバスに乗り、各留置場に帰ることとなります。東京の場合、勾留質問が終了した後の午後2時以降に被疑者国選弁護人の配点を受けるケースが多くなっています。そのため、例えば、被疑者国選弁護人に選任され直ちに裁判所構内にて接見をする場合には、午後3時までのわずかな時間しかありません。午後3時までに令状部（刑事14部）に裁判所構内での接見の申入れをすると、接見室の混み具合に応じて「10分」「5分」などと時間を指定され接見をすることができます。

ど、接見できる時間が短いことを前提として活用すべきでしょう。

　また、裁判所構内で接見する場合には、弁護人は限られた時間の中で、要点をかいつまんで被疑者に説明し、かつ、必要事項を聴取するノウハウを身につける必要があります。

　全国の裁判所には接見室が設置されている庁舎と設置されていない庁舎があります。接見室の設置されていない庁舎において被疑者との接見の申出をした場合に、裁判所は憲法34条、刑事訴訟規則30条1項に従い、勾留質問室、公判廷その他の裁判所構内に設置された部屋を流用するなどして被疑者と弁護人との接見を実施させるべき義務を負います[27]。接見室がないからといって接見の実施を諦めるべきではありません[28、29、30]。

　勾留質問日に裁判所構内で接見をする場合には、令状部（令状部がない裁判所の場合には刑事事件係）に接見の申入れをする必要があります。

　公判期日、勾留理由開示公判日には、東京地裁では特に裁判所に

24　被疑者が裁判所に到着する午前10時頃から、勾留質問が始まるまでの時間帯は裁判所構内の接見室は比較的空いているため、ゆとりをもって接見することができます。

25　送検と勾留質問を同じ日に行う仕組みをとっている地方では、被疑者等が裁判所構内に留まっている時間は非常に短いため、接見には適さない場合があります。

26　東京においても、いわゆる被疑者が「即尋」（送検と勾留質問を同じ日に行う手続のこと）の取扱いを受ける場合や「単独押送」（病気など何らかの理由で、単独で留置場から検察庁・裁判所に押送される取扱いのこと）の場合には、イレギュラーなタイムスケジュールとなるため、裁判所構内での接見に適さない場合があります。被疑者が「即尋」「単独押送」の取扱いを受けるか否かは、送検・勾留質問前までに留置係官から被疑者が告知を受けていることが多いため、あらかじめ被疑者から接見時に聴取しておけば把握することができます。

27　刑事訴訟規則30条1項は、接見室のない裁判所における接見指定権を定めた規定ですが、裁判所が被疑者・被告人と弁護人との接見の実施自体を拒否することはできない規定となっています。

申入れをすることなく、同行室ないし仮監（拘置所管轄の接見室）に行けば接見をすることができます。地域によっては、公判や勾留理由開示公判を担当する裁判所に接見の申入れをする必要がある場合がありますので事前に運用を確認する必要があります。

　家裁送致日には、家庭裁判所の少年部に接見の申入れをする必要があります。

　裁判所構内における接見に際しては書面の授受をすることも可能です[31,32]。

28　裁判所によっては裁判所構内における接見に慣れていなかったり、接見交通権について無理解であったりするために、接見室がないなどの理由で、裁判官が書記官、事務官、警察官等に立会いをさせるというような誤った手続がされることがあります。裁判官が弁護人と被疑者との接見に第三者を立ち会わせることは、明確な違憲・違法行為（接見交通権侵害行為）です。接見室がない場合には、それに代わる部屋を接見場所として指定すれば足りるはずですので、弁護人は断固として抗議をするべきです。

29　東京地裁平成19年（ワ）第28644号事件（平成19年10月30日訴訟提起）では、川崎簡易裁判所に勾留質問のため押送された被疑者との裁判所構内での接見を弁護人が求めたところ、「前例がない」「接見の時間も場所もない」との理由で、接見が拒否された事案につき、国家賠償請求訴訟が提起されました。その結果、国が原告に30万円を支払う形での和解が成立しました（「接見交通権マニュアル20版」216頁の64番の判例）。

30　筆者自身、少年の事案ではありますが、横浜家庭裁判所に家裁送致された少年と裁判所構内において接見の申出をした際、裁判官から「接見室がない」「接見のための時間がない」などの理由で接見を拒否されたことがあり、接見交通権侵害を理由とする国家賠償請求訴訟を提起しました（「接見交通権マニュアル20版」222頁の98番の事件）。まだ結審していませんが、今後の裁判所の公正な判断が待たれます。

31　名古屋高裁平成15年12月24日判決は、弁護人との書類の授受は憲法34条前段に由来する重要な権利である接見交通権に属するものであって、原則として自由に行いうるものであり、裁判所は刑訴規則30条に定める罪証隠滅防止の必要がない限り裁判所構内において書類等の授受をさせなければならず、合理的な理由もないのに判断を留保するなどして書類等を授受する機会を失わせることは、弁護人の円滑な職務の遂行を妨げるものである、と判示しました。

⑹　接見室内への電子機器の持込み・使用

①　証拠書類を被疑者に閲覧させるための接見室内での電子機器の使用

　証拠書類をデジタル化して保存・保管することが広く一般的に行われています。デジタル化した証拠書類を被疑者に示すために、証拠書類のデータが保存されたノートパソコン、タブレットを接見室に持ち込み、被疑者に示しながら使用することは、接見交通権の保障の範囲内ですので萎縮せずに行うべきです[33]。

②　接見室内でのインターネットやアプリの使用

　犯行場所を特定するために、被疑者の記憶を頼りにグーグルマップなどの地図アプリを用いて被疑者と打ち合わせをすることは有用です。

　また、身元引受人候補者、証人候補者などの電話番号がわからな

32　検察庁の場合と同様物品の授受はできませんが、占有の移転を伴わない文書の差入れ・宅下げは認められます。

33　大阪地裁平成16年3月9日判決は、弁護人が拘置所において証拠のビデオテープとビデオテープ再生機器を持ち込み再生しようとした際に、接見妨害されたため国賠訴訟が提起された事案について、刑事訴訟法39条1項の規定は、「被告人等と弁護人が口頭での打ち合わせ及びこれに付随する証拠書類等の提示等を内容とする接見を秘密裡に行う権利たる秘密接見交通権を保障するものであり、かかる保障は、身体の拘束を受けている被告人等が弁護人と相談し、その助言を受けるなど弁護人から援助を受ける機会を確保するためのものである。」「弁護人が被告人等と直接接見するに当たって持ち込もうとしている書類等の事前検査としては…外形を視認することによって確認したり、書面または口頭で質問する程度の検査を実施することは格別（この程度の事前検査にとどまるのであれば、収容施設等に接見内容を推知されるおそれはなく、被告人等と弁護人とのコミュニケーションにも萎縮的効果を及ぼすものとはいえない。）、持ち込まれる書類等の内容にまで及ぶ検査については、接見交通権が保障された趣旨を没却する不合理な制限として許されない」と判示しました。

い場合には、それらの人物の住所を特定し、手紙を送って接触を図る必要があります。そのために、地図アプリを活用することも有用です。

　このように、刑事弁護活動を円滑に進めるために、接見室内において電子機器を使用する必要のある場合があります。このような場合の電子機器の使用についても接見交通権の保障の範囲内に含まれます。

③　証拠保全のための写真撮影、録音[34]

　刑事弁護活動をしていると、被疑者から「被害者から暴行を受け怪我をした」「逮捕時に、逮捕者から暴行を受け怪我をした」「取調べ時に受けた暴行により怪我をした」「留置場内で不適切な取扱いを受け怪我ができた」「怪我を負っているのに医師の診察に連れて行ってもらえないし写真撮影もしてもらえない」などと申告を受けることがあります。

　また、逮捕直後などの場合に、薬物や飲酒の影響からか被疑者が錯乱状態・酩酊状態にあることもあります。

　こうした場合には、怪我があることや被疑者が錯乱状態・酩酊状態にあることを証拠化し、後に、正当防衛・過剰防衛、被害者側の落ち度、逮捕手続の違法性、供述調書の任意性、処遇の不当性、責任能力などを証明する必要が生じます。そのために、怪我の状況を写真撮影したり被疑者の発言・状況を録音したりしなければならない場合があります[35]。

34　日弁連が平成 23 年 1 月 20 日付けで公表した「面会室内における写真撮影（録画を含む）及び録音についての意見書」では、「写真撮影（録画を含む）及び録音を行うことは憲法・刑事訴訟法上保障された弁護活動の一環であって、接見・秘密交通権で保障されており、制限なく認められるもの」とされています。また、日弁連は、同旨の申入書を平成 25 年 9 月 2 日付けで法務大臣宛てに、翌 3 日付けで国家公安委員長及び警察庁長官宛てに提出しました。

　接見室内での写真撮影等は、接見交通権の行使ですから、必要な弁護活動のために活用を試みるべき場合があります。写真撮影の妨害や接見拒否がなされた場合には、国家賠償請求訴訟の提起も含め毅然とした対応をとるべきです[36,37]。

35　証拠保全（刑事訴訟法179条）という手段を使うことも考えられますが、同手続が行われるまでには多少日時が経過してしまいます。怪我や幻覚・妄想などと推測される言動などは、時間の経過と共に変化（回復）することがあります（特に、アザなどは数日、数時間で消えて見えなくなってしまいます）ので、弁護人が直ちにその場で記録化しておく必要がある場合があります。

36　東京地裁平成26年11月7日判決は、写真撮影等を妨害されたことについて国家賠償請求訴訟が提起された事案において、接見を中止させたのは刑事被収容者処遇法の規定に違反しているとして慰謝料10万円の支払を命じました。

37　接見室への電子機器の持込みに関する判決、文献は、日弁連ホームページに掲載されている「面会室への電子機器の持ち込み・使用・利用について【資料集】」参照

2　文書、物品等の授受

(1)　信書の授受

　接見室を使用しての接見は、時間的・場所的な制約が多く、被疑者・弁護人とのやりとりが接見だけでは十分でないことがあります。特に事案が複雑な場合、被疑者が多弁である場合、被疑者が順序立てて物事を説明することが難しい方の場合などには、信書の授受をとおして被疑者の主張を正確に把握するなどの弁護活動をすることが有用となります。

　そのほか、弁護活動の過程で、謝罪文、反省文、示談書、弁護人選任届、刑事被疑者弁護援助利用申込書等、様々な信書・文書を被疑者との間でやりとりをする必要が生じます。

　被疑者と弁護人との文書・信書の授受にも接見交通権の保障は及びますが、残念なことに現行法では、（一般人の場合と差は設けられていますが）一定程度の検査をすることが適法とされています（刑事被収容者処遇法 226 条等）[38]。行き過ぎたチェックがなされたり、被疑者が弁護人に宛てて宅下げ・発信使用としている信書であるのにもかかわらず、第三者に宛てた伝言内容が記載されている、などの理由で、信書の宅下げ・発信が不当に拒絶されたりマスキン

---

[38]　刑事収容施設及び被収容者の処遇に関する法律 135 条 2 項 1 号、222 条 3 項 1 号には、未決拘禁者が弁護人等から受ける信書の検査は、「これらの信書に該当することを確認するために必要な限度において行うものとする」と規定されています。

グされる場合があります。このような接見交通権侵害行為には、断固として抗議する必要があります[39,40,41]。

(2)　即時の信書等の差入れ・宅下げ[42]

　検察庁、裁判所などでは、物品や書類の差入れは護送事務上の支障があることを理由に拒絶され、被疑者が留置場に戻ってから留置場において差入れ手続をとるよう要請されるケースが一般的です。

　他方、弁護人選任届、委任契約書、誓約書、刑事被疑者弁護援助

39　大阪地裁平成12年5月25日判決は、接見交通権の絶対性を指摘した上で、被疑者と弁護人間の信書の授受について、「できるかぎり接見に準じ、その秘密保護を要請しているというべきである」としています。同判決は、弁護人との間の信書の開披自体を違法とまでは判断しませんでしたが、刑事訴訟法39条1項のかかる要請から、弁護人との間の信書の内容を精査することは許されないとし、その記録化も許されないとしました。

40　東京高裁平成25年11月27日判決は、弁護人が接見禁止処分を受けた被疑者からメモ書きを受領しようとした際、留置担当者から交付を拒否されたことについて、接見交通権侵害を理由とする国家賠償請求訴訟を提起した事件について、「留置担当官が、文書の内容により弁護人宛であるか否かを判断することが出来るとすれば、その主観的判断により被疑者と弁護人との書類の授受が不当に妨げられるおそれがあり、刑事訴訟法39条1項が弁護人が被疑者と書類の授受をする権利を認めた趣旨に反することになる」と判示しました。

41　広島高裁平成29年11月28日判決は、弁護人が拘置所に在所中の被告人に、被告人の母から預かった手紙（公判において情状証拠として提出する予定の文書）を差し入れようとしたところ、これを拒否された事件について提起された国賠訴訟において、裁判所は、裁判資料に該当する書類は物品として差入れを認めるという拘置所の法解釈及び運用に反して差入れを拒否したものであるから、国家賠償法上の違法があると判示しました。

42　通常、留置場において被疑者に信書等を差入れし、留置場内で署名・指印の押印をしてもらったあと宅下げを受ける場合には、信書等の差入れ時・信書等の宅下げ時にそれぞれ被留置者金品出納簿への記入が必要となります。ただし、被留置者が外部の者に文書を発信する場合には「文発」という手続をとれば、弁護人が宅下げ時に被留置者金品出納簿へ記入する必要がありません。時間のない場合には、留置係官に文発の手続をとるよう要請することも検討すべきでしょう。

利用申込書等、即時に書類を差し入れ、被疑者本人の署名や指印の押印を受け、即時に宅下げを受けることを想定している文書については、（被疑者が当該信書を持ったまま移動するわけではありませんし）護送事務上の支障がないことは明白ですので、検察庁、裁判所において文書の授受が認められることが大半です。即時の信書等の差入れ・宅下げを想定している文書の授受は、検察庁や裁判所においても可能なことを念頭に入れつつ弁護活動をすると、効率的に活動することができます。

(3) 信書以外の物品の差入れ

被疑者が差入れを希望する物品としてよくあるものは、（被疑者の家族や知人から預かった）現金、衣類（下着、Tシャツ、ハーフパンツ、スウェット、靴下）[43]、ハンカチ[44]、雑誌・本・漫画等です。

また、留置場内で使用した衣類を外部で洗濯してもらうために宅下げを希望する者もいます。

本来の刑事弁護活動に集中するためにも、こうした物品の差入れ・宅下げは、被疑者の家族や知人にしてもらうべきです。

他方、私選弁護人の場合で家族や知人の差入れが困難な場合などには、信頼関係・契約関係維持のためには弁護人がしなければならない場合もあります。

---

[43] 差入れ可能な物品について、留置場には様々なルールがあります。例えば、ハーフパンツなどでは、腰のひもを取り外し、ひも穴を塞がないと差入れが認められないことがあります。被留置者関係者が物品の差入れをする際には、事前に留置場に差入れ可能な物品について問い合わせをしてから差入れをするようアドバイスするのがよいでしょう。

[44] 決められたサイズのハンカチしか差入れすることができませんので、事前にサイズを確認する必要があります。

　弁護活動の過程で、信書以外の物品の宅下げを受けることがあります。例えば、被疑者の身元を証明する資料として、身分証明書、社員証、名刺、給与明細、雇用契約書などを宅下げすることがあります。

　身元引受人等と連絡をとるために、携帯電話、名刺、社員証などの資料を宅下げすることがあります。

　示談金、弁護活動の着手金・報酬金等に充てるため、現金、キャッシュカード類を宅下げすることもあります。

　黙秘事件、否認事件などの場合には、こまめに被疑者ノートの差入れ・宅下げをして、記載内容を弁護人が確認することが必要になります。

　書類や衣類などは、留置場内に設置された各被疑者のロッカーにおいて保管されます。他方、現金、キャッシュカード、携帯電話などの貴重品・危険品などは留置場外の各警察署の会計課の金庫に保管されることとされています。会計課が開いている時間（平日の午後9時から午後5時頃まで。警察署により運用が異なりますので注意が必要です）でなければ、これらの貴重品の宅下げができない運用とされていますので、貴重品の宅下げが予測される場合には、平日の昼間の時間帯に接見に行き宅下げを受けるか、平日の昼間にこれら貴重品の宅下げの手続をとっておくよう被疑者に指示（あるいは留置場に連絡）をしておき、平日夜間や土日祝日に接見に行った際に受け取るようにすれば、効率的に貴重品を受け取ることができます。

(4)　被疑者が外国人の場合の人道的配慮

　留置場には図書が備え付けられていて、被留置者は空き時間に図書を読むことができます。しかし、多くの場合、外国語で書かれた図書は留置場内には備え付けていません。

　外国人の場合、母語・母国語で書かれた書籍がなければ読書することができず、時間潰しすることすら困難な状況で留置場内で過ごすことになります。そのような状況が数十日、時には数か月続くことになります。外国語で書かれた書籍については、一般人が被留置者に当該書籍を差入れしようとしても拒否されてしまう運用となっています。そのような場合には、人権上の観点から、当該書籍を弁護人が預かり、弁護人が差入れすることも検討するべきです。

(5)　信書の授受に関する付随的問題点

　被疑者と接見をしていると、弁護人が被疑者・被告人に宛てた手紙、被疑者・被告人が弁護人に宛てた手紙を検察官が閲覧し証拠として使用するのではないか、検察官が弁護人と被疑者（または被告人）間でやりとりした手紙の内容を引用しながら裁判を進めるのではないか、と被疑者が不安に感じて相談を受けることがあります。

　いずれの行為も秘密交通権を侵害するもので違法です。前者については、違法収集証拠の証拠調べ請求ですので、不同意（若しくは取り調べることに異議がある旨）の意見を述べるべきです。後者については、検察官が弁護人と被疑者（または被告人）間の秘密交通権を侵害して入手した情報による違法な質問ですので、異議を述べるべきです。のちに検察官の行為の違法性を争うためにも、検察官がどのようにしてその質問内容を入手したのか釈明を求めるべきでしょう[45]。

45　大阪地裁平成12年5月25日判決は、被疑者と弁護人間の信書の授受について「できるかぎり接見に準じ、その秘密保護を要請しているというべきである」としました。同判決は、弁護人との間の信書の開披について、弁護人との間の信書の内容を精査することは許されないとし、その記録化も許されないとしました。

(6) 外国語で書かれた信書の差入れ・宅下げ[46]

　東京都の場合には、警視庁に外国語で書かれた信書の翻訳と内容の検査[47]をする部署があります。そのため、信書の宅下げ・差入れの依頼をすると、当該部署に信書がFAXされ、翻訳や内容のチェックが終わると、宅下げ・差入れを実施することができます。深夜帯や土日祝日であってもこうした対応をしてもらえます。

　信書の記載内容が短ければ、15分程度でこれら一連の作業が終わりますが、長ければ、1時間以上かかってしまうこともあります。

　待ち時間を省き、効率的に接見を行うためには、信書の宅下げや差入れの予定がある場合には、接見開始前に差入れ・宅下げの手続をとっておき、接見終了時に外国語で書かれた差入れ・宅下げ文書を受け取るのがよいでしょう。

　東京都以外の留置場での運用はまちまちですので、地方の運用に応じて、弁護人は効率的に弁護活動をすることができるよう工夫する必要が生じます。

46　昨今、被疑者が弁護人に宛てて書いた信書に第三者宛の記載内容が含まれているなどして宅下げを拒否される事例が報告されています。これは明確な接見交通権違反ですので断固抗議すべきです。弁護人宛の信書が第三者宛の信書であると誤解されないようにするために、弁護人宛であることを明示する記載をするなどの工夫をするよう被疑者に指導する必要があります。

47　刑事被収容者処遇法222条の検査

3　弁護人以外の者と被疑者との接見

(1)　総　論

　弁護人以外の者が被疑者と接見をする場合には、接見禁止の処分が付されていなければ、留置場に赴いて接見することが可能です。被留置者にとって、家族や知人が面会に来てくれること自体がうれしい（ときには悲しい）ことですし、顔を見せてくれるだけでとても心強く（ときには悲しく）なります。否認している場合には、家族や知人のためにも最後まで否認をし通そうという気力が生じます。また、家族や知人のためにも、自らの行動を悔い改め、更正しようと思う被疑者もいるでしょう。

　弁護人以外の者が留置場にいる被疑者に対して、衣類、書籍、現金などを差入れをすること（郵送も可）が可能です。被疑者からすると、家族や知人から差入れがあれば、励まされ、勇気づけられるものです。現金があれば、留置場内で（日用品、便せん、切手、弁当など）買い物をすることも可能になります。

　弁護人は、効果的な弁護活動をするためにも、被疑者の家族や知人が面会や物品の差入れをすることの重要性を被疑者の家族や知人に教示するべきでしょう。

(2)　接見等禁止決定

　接見禁止決定が付されてしまうと、弁護人以外の者と被疑者が接見をすることや手紙のやりとりをすることは叶わなくなってしまい

ます。近年、接見禁止決定が濫発されている傾向にありますが、これは由々しき事態と言わざるをえません。なぜなら、弁護人以外の者と被疑者が接見する場合には、留置係官が必ず立ち会いますので、接見を認めたとしても罪証隠滅行為、証人威迫行為、逃亡行為などをすることは不可能です。残念ながら、裁判官は、こうした実態を考慮することなく、検察官の請求に従い、安易に接見禁止を付す傾向にあります。

　なお、ここ数年、全国の裁判所において接見禁止を付す場合にも被疑者の親を除外するなど、従来よりも緩和された措置を講じてもらえることが増えました。後述のように、安易な接見禁止に対しては弁護人は争う姿勢が大切です。

(3)　接見等禁止決定に対する準抗告

　否認事件、共犯事件および組織的事件の場合、検察官は、接見等禁止の請求をし、他方、裁判所はほぼ検察官の請求どおりに認めているというのが実情です。

　接見等禁止の決定が付されていると、被留置者は、弁護人以外の者と会うことや手紙のやりとりをすることができないため、家族等との連絡が難しくなり被留置者の精神が不安定に陥りやすくなります。安易に接見禁止決定が付されている場合には準抗告申立をすべきです。弁護人がしっかりと準抗告申立て活動をすれば、裁判所も安易に接見禁止を付すことを改めるようになるでしょう。

(4)　接見等禁止（一部）解除の申立て

　ここ数年、家族（親、配偶者、子等）については、接見禁止の解除が認められるケースが多くなってきています。閉ざされた空間に長期間閉じ込められている被疑者にとって、家族と面会すること

は、とてつもなく心強いことです。その上（差入れや家族からの伝言などにかかる）弁護人の負担を減らし、本来の弁護活動に集中することができるようにするためにも、接見等禁止の一部解除は積極的にするべきでしょう[48,49,50]。一部解除の範囲として面会、あるいは、面会及び文書授受を含むのかを忘れずに明記するようにしましょう。

　正当な理由があれば、家族以外の者との接見禁止の一部解除が認められる確率は非常に高くなります。被疑者の環境調整、更正のためにも、正当な理由がある場合には、接触的に接見禁止の一部解除の申請をするのがよいでしょう。

(5)　信書の授受についての一部接見等禁止解除申立て

　多弁な被疑者、多筆な被疑者の場合には、弁護人に対して、外部の家族や知人宛の細かな伝言を頼まれることがあります。伝言をすることにより、情状証人の確保や就労先の確保につながり、被疑者

48　被疑者が逮捕され居住していた部屋の家賃の支払が滞った場合には、賃貸人や家賃保証会社が、被疑者の立ち退き意思の確認、家賃の支払見込みの把握、立ち退きの同意書の取り交わしをするために接見を希望する場合があります。その場合には、賃貸人や家賃保証会社職員と被疑者との一部（日時を限定した接見）接見禁止解除の申立てをすれば、認容されるケースが大半です。

49　被疑者の就業先の確保、解雇されることを防ぐために、就業先関係者が被疑者と接見をすることが有用であるケースがあります。そのような場合には、就業先関係者との接見禁止の一部（日時を特定して）解除の申立てをすることが有用です。

50　接見禁止の一部解除の申立て（特定の者との日時を限定した面会等）をするにあたっては、被疑者との接見を希望する者（家族、知人等）との関係を裏付ける書類（家族の場合には戸籍謄本、就業先関係者の場合には雇用契約書等、賃貸人や家賃保証会社の場合には賃貸借契約書や保証委託契約書等）や、当該人物の身分証の写しを申立書に添付する必要があります。

の家庭の崩壊を防ぐことなど被疑者の環境調整を図ることができるのであれば、弁護人は伝言を受けるべきです。

　しかし、細かな伝言が多くなり、伝言を受けることに時間がかかってしまうと、本来の弁護活動に割くことのできる時間が減り、本末転倒な結果となってしまいます。そのような事態を避けるためには、被疑者に信書の発信についての接見禁止一部解除申立書を大量に差入れする方法が有用です。

　具体的には、被疑者が外部の者に信書を発信しようとした場合には、完成した信書（手紙本文と宛名等の記載された封筒。ただし、封はしない状態にしてもらいます）を添え、弁護人が差入れをした申立書に被疑者の署名・指印をしてもらった上で、被疑者から直接裁判所の令状部（令状部がない裁判所では第1回公判前には刑事事件係、第1回公判後は公判担当部）に、当該信書の接見禁止一部解除申立書を提出してもらいます。裁判所が当該信書の内容を確認し、当該信書について接見等の一部解除が相当と判断した場合には、当該信書について接見等一部解除決定が出されます。その後、被疑者は、留置場から直接当該信書を第三者に宛てて発信することが可能となります。このような措置をとることにより、被疑者から伝言を頼まれる、という弁護人の負担を大幅に軽減することができます。副次的な効果として、接見禁止一部解除の判断に割かれる裁判所の労力が増えますので、みだりな接見禁止決定の濫用を防止することにもつながります。

　なお、第1回公判後には、被告人の第三者宛の信書を裁判官に読んでもらえます。接見禁止の一部解除の申立てをすることにより、副次的に被疑者の人となりや家族との関係性などを事実上裁判官に知ってもらえる効果が期待できます。

　このように、ときには信書の発受についての接見禁止一部解除申立てを活用することを検討するべきでしょう。

⑹ 解除を行わないこと（解除が不十分であること）に対する準抗告

　接見禁止の一部解除をすべき正当な理由があるのにもかかわらず、解除がされない場合には、積極的に準抗告を申し立てるべきです。弁護人がこうした活動を積極的にすることにより、接見禁止の濫用を抑止する効果を期待することができます。

第7章

関連判例・書式集

1　関連判例・裁判例

1　最高裁判所第一小法廷昭和53年9月7日判決要旨

　違法に収集された証拠物の証拠能力については、憲法及び刑訴法になんらの規定もおかれていないので、この問題は、刑訴法の解釈に委ねられているものと解するのが相当であるところ、刑訴法は、「刑事事件につき、公共の福祉の維持と個人の基本的人権の保障とを全うしつつ、事案の真相を明らかにし、刑罰法令を適正且つ迅速に適用実現することを目的とする。」（同法1条）ものであるから、違法に収集された証拠物の証拠能力に関しても、かかる見地からの検討を要するものと考えられる。ところで、刑罰法令を適正に適用実現し、公の秩序を維持することは、刑事訴訟の重要な任務であり、そのためには事案の真相をできる限り明らかにすることが必要であることはいうまでもないところ、証拠物は押収手続が違法であつても、物それ自体の性質・形状に変異をきたすことはなく、その存在・形状等に関する価値に変りのないことなど証拠物の証拠としての性格にかんがみると、その押収手続に違法があるとして直ちにその証拠能力を否定することは、事案の真相の究明に資するゆえんではなく、相当でないというべきである。しかし、他面において、事案の真相の究明も、個人の基本的人権の保障を全うしつつ、適正な手続のもとでされなければならないものであり、ことに憲法35条が、憲法33条の場合及び令状による場合を除き、住居の不可侵、捜索及び押収を受けることのない権利を保障し、これを受けて刑訴法が捜索及び押収等につき厳格な規定を設けていること、また、憲法31条が法の適正な手続を保障していること等にかんがみると、証拠物の押収等の手続に、憲法35条及びこれを受けた刑訴法218条1項等の所期する令状主義の精神を没却するような重大な

違法があり、これを証拠として許容することが、将来における違法な捜査の抑制の見地からして相当でないと認められる場合においては、その認拠能力は否定されるものと解すべきである。

2　最高裁判所第二小法廷平成 15 年 2 月 14 日判決要旨

(1) 本件逮捕には、逮捕時に逮捕状の呈示がなく、逮捕状の緊急執行もされていない（逮捕状の緊急執行の手続が執られていないことは、本件の経過から明らかである。）という手続的な違法があるが、それにとどまらず、警察官は、その手続的な違法を糊塗するため、前記のとおり、逮捕状へ虚偽事項を記入し、内容虚偽の捜査報告書を作成し、更には、公判廷において事実と反する証言をしているのであって、本件の経緯全体を通して表れたこのような警察官の態度を総合的に考慮すれば、本件逮捕手続の違法の程度は、令状主義の精神を潜脱し、没却するような重大なものであると評価されてもやむを得ないものといわざるを得ない。そして、このような違法な逮捕に密接に関連する証拠を許容することは、将来における違法捜査抑制の見地からも相当でないと認められるから、その証拠能力を否定すべきである（最高裁昭和 51 年（あ）第 865 号同 53 年 9 月 7 日第一小法廷判決・刑集 32 巻 6 号 1672 頁参照）。
(2)　前記のとおり、本件採尿は、本件逮捕の当日にされたものであり、その尿は、上記のとおり重大な違法があると評価される本件逮捕と密接な関連を有する証拠であるというべきである。また、その鑑定書も、同様な評価を与えられるべきものである。
　したがって、原判決の判断は、上記鑑定書の証拠能力を否定した点に関する限り、相当である。

3　最高裁判所第一小法廷平成 26 年 11 月 17 日決定要旨

　本件被疑事実の要旨は、被疑者は、平成 26 年 11 月 5 日午前 8 時 12 分頃から午前 8 時 16 分頃までの間、京都市営地下鉄○○線の○○駅から○○駅の間を走行中の車両内で、当時 13 歳の女子中学生に対し、右手で右太腿付近及び股間をスカートの上から触ったというものである。

　被疑者は、前科前歴がない会社員であり、原決定によっても逃亡のおそれが否定されていることなどに照らせば、本件において勾留の必要性の判断を左右する要素は、罪証隠滅の現実的可能性の程度と考えられ、原々審が、勾留の理由があることを前提に勾留の必要性を否定したのは、この可能性が低いと判断したものと考えられる。本件事案の性質に加え、本件が京都市内の中心部を走る朝の通勤通学時間帯の地下鉄車両内で発生したもので、被疑者が被害少女に接触する可能性が高いことを示すような具体的な事情がうかがわれないことからすると、原々審の上記判断が不合理であるとはいえないところ、原決定の説示をみても、被害少女に対する現実的な働きかけの可能性もあるというのみで、その可能性の程度について原々審と異なる判断をした理由が何ら示されていない。

　そうすると、勾留の必要性を否定した原々審の裁判を取り消して、勾留を認めた原決定には、刑訴法 60 条 1 項、426 条の解釈適用を誤った違法があり、これが決定に影響を及ぼし、原決定を取り消さなければ著しく正義に反するものと認められる。

4　横浜地方裁判所令和元年 11 月 20 日判決要旨

　被告人には覚せい剤使用の高度の嫌疑が認められた以上、警察官らにおいて、被告人に対して、□□警察署に留まるように求めるという説得行為の一環として、一定の限度において、有形力を行使したり、心理的な圧力を加えたりすること自体は許容される状況にあったといえる。しかしながら、本件における警察官らによる働きかけは、そもそも被告人の説得を目的としたものではなく、被告人を誤信させて真意に基づかずに□□警察署に留め置こうとしたものであるところ、本件所持品検査以来、被告人は警察官らに対し強い抵抗を示しておらず、警察官らにおいて被告人に対して□□警察署に留まるように説得をすることについて何ら支障はなかったことにも照らせば、そうした説得を試みたりすることなく被告人に虚偽を申し向ける必要性、緊急性すらないような状況にあった（なお、被疑者の留め置きについて、純粋に任意捜査として行われている段階と、強制採尿令状請求の準備に着手した後の段階とを区別し、後者の段階においては、純粋な任意捜査の場合に比し、相当程度強くその場に止まるよう被疑者に求めることも許されるという見解を前提としても、被疑者は、逮捕又は勾留されている場合を除いては、出頭後、何時でも退去することができるのであるから〔刑訴法 198 条 1 項ただし書〕、後者の段階において許容される有形力の行使等も、あくまで、被疑者が何時でも退去することができることを前提に、被疑者が強制採尿令状の執行まで留まることを求めるという説得行為の一環として必要な限度で許容されるものである。したがって、上記のように、警察官らが被告人に対して虚偽を申し向けたのは、被告人が□□警察署を退去することができることを前提として、そこに留まることを求めるという説得活動の一環としてなされたものではなく、そもそも被告人を誤信させて真意に基づかずに□□警察署に留め置こうとするものであるから、警察官らが強制採尿令状の

請求の準備に着手したという事情は、被告人に虚偽を申し向ける必要性、緊急性を有意に高めるものではない。)。また、採尿まで被告人を留め置いた時間も短くない。さらに、虚偽の説明が、被告人の退去の自由を直接侵害するような内容である点で、悪質性の高いものであった。そうすると、警察官らが、被告人に携帯電話機の使用、喫煙、飲料の購入等を許していることを踏まえても、警察官らの違法行為が、任意捜査としての許容限度から逸脱した程度は大きいといわざるを得ない（なお、警察官らは、被告人を留め置くための有形力は行使していないが、それは、被告人が警察官らによる偽計により錯誤に陥った結果、強い抵抗を示さなかったことにも起因していると考えられるから、本件留め置きの違法の程度を低減させる事情とはならない。)。

　また、既に検討した本件の経過等に照らせば、警察官らは、当初から、採尿のために□□警察署に留まるよう被告人を説得する手間を省き、被告人をその真意に基づくことなく留め置くために、意図的に虚偽を申し向けているとしか考えられない上、その意図は少なくとも地域第二課と刑事第二課との間で組織的に共有されていたのであるから、警察官らが、被疑者の身体拘束に関する法規制を軽視していたことは明らかである。加えて、警察官らが当公判廷において明らかに不合理な虚偽の証言をしていることにも照らせば、警察官らには、令状主義の諸規定を潜脱する意図があったといわざるを得ない。

　そして、このように、本件留め置きには、任意捜査の限界を大きく逸脱した違法があることに加え、本件の経緯全体を通して現れた上記のような警察官の態度を総合的に考慮すれば、本件留め置きの違法の程度は、令状主義の精神を没却するような重大なものであると認められる。

　(2) 本件鑑定書の証拠能力について

　そして、被告人の尿の採尿手続は、本件留め置きによってもたら

された状態を直接利用し、かつ、覚せい剤使用の嫌疑がある被告人の尿の獲得という本件留め置きと同一目的に向けられたものであることに照らすと、強制採尿令状自体は、被告人の供述を前提とすれば、本件取調べ中にDが被告人の注射痕を写真撮影するまでの間に適法に収集された疎明資料に基づいて発付されたものと考えられること（なお、Dの証言を前提とすると、被告人の注射痕の確認は本件取調べの終了後になされているから、疎明資料の一部が違法な留め置きを利用して収集されていることになり、本件留め置きと本件鑑定書との関連性はより一層密接なものになる。）、採尿手続自体に固有の違法性が認められないことを踏まえても、本件鑑定書は、上記のとおり重大な違法がある本件留め置きと密接に関連する証拠であり、これを許容することは将来における違法捜査抑制の見地からも相当でないと認められるから、その証拠能力を否定し、証拠から排除することとする。

5　京都地方裁判所昭和47年8月17日決定要旨

　被疑者は、警ら中の警察官に現行犯逮捕され、その際、本件犯行の用に供されたポリ容器、手動式ポンプ等も押収されたことが認められ、本件犯行の外形的事実については、概ね明らかにされている。しかしながら、前記普通乗用自動車は、前記のように被疑者の所有ではないこと、本件犯行当時現場付近に居てその共犯と推測される者の住所、氏名やその所在等が未だ明らかでないこと、被疑者は、逮捕時に警察官に対し本件犯行を否認し、その後、捜査官ならびに勾留質問の際の裁判官に対し、本件犯行など一切について黙秘の態度を続けていること等の事実が認められ、これらの諸事情を前記の諸情況に照らし合わせて勘案すると、被疑者が、右共犯者および前記普通乗用自動車の所有者らと通謀のうえ、本件犯行について罪証を隠滅すると疑うに足りる相当な理由があるものと認められ

る。

　なお、被疑者は、刑事訴訟法上いわゆる黙秘権、供述拒否権が認められている。これは憲法第38条に由来し、被疑者は、自己の利益不利益を問わず、終始沈黙しまたは個々の質問に対し供述を拒否することができるものとされているのである。

　しかしながら、被疑者が自己の犯罪事実等について、終始黙秘しまたは供述を拒否する態度を示したときは、その供述態度等が、他の証拠と相俟って、ときに罪証隠滅の存否を決するうえでの判断資料となりうる場合のあることは免れ難いところである。そして、これをその資料に供したからといって、弁護人が主張するように、法が被疑者にいわゆる黙秘権等を認めた趣旨にもとるものとは解せられない。

6　京都地方裁判所平成30年10月25日決定要旨

　本件は、被疑者が、各共犯者と共謀の上、被疑者が入手した顧客名簿を利用して、顧客に不実のことを告げて、売買契約を締結させ、販売代金の名目で現金をだまし取ろうと考え、2名の被害者に対し、電話で売買契約について勧誘するに際し、重要な事項につき不実のことを告げるとともに、その旨誤信させ、よって各被害者に売買契約を締結させ、合計106万9200円を振込送金させたという事案である。

　一件記録によると、被疑者が罪を犯したことを疑うに足りる相当な理由が認められ、罪体を含む重要な事実について罪証を隠滅すると疑うに足りる相当な理由も認められる。

　しかしながら、一件記録によると、被疑者は、平成30年9月11日、本件とは被害者を異にする同種被疑事実で逮捕され、勾留及び勾留延長を経た上で、同年10月2日処分保留により釈放され、再び同日、被害者を異にする同種被疑事実で逮捕され、勾留及び勾留

延長を経た上で、同月23日処分保留により釈放され、さらに同日、本件被疑事実で逮捕されたことが認められる。そして、前2件と本件の被疑事実を比較してみると、被害者は異なるものの、共犯者は同じであって、犯行の構造自体は同一であり、証拠もその多くが共通していることが認められ、捜査対象はほぼ同一であるといってよい。さらに、被疑者の関与をうかがわせる証拠物や共犯者供述が、被疑者の当初の逮捕以前から捜査機関によって入手されていることも認められる。こうした一連の犯行の構造や捜査の経過に鑑みると、前2件の逮捕・勾留の期間中に、本件被疑事実の捜査を行うことが困難であった事情はうかがえない。

　そうすると、本件勾留請求は、実質的には身体拘束の時間制限を逸脱する違法なものであるといわざるをえず、勾留請求を却下した原裁判は、結論において正当である。

7　横浜地方裁判所平成20年10月24日判決要旨

(1) 原告は、被疑者Aの弁護人として接見交通権を有しており、この権利は、憲法34条前段に由来する弁護人の固有の権利である。そして、捜査機関が捜査権を行使するために必要かつ合理的な措置とはいえないにもかかわらず、接見交通権が不当に制限された場合に、当該接見交通権の侵害行為が、弁護人との関係において、国家賠償法上違法とされる余地があることは、累次の最高裁判例（最高裁昭和49年（オ）第1088号同53年7月10日第一小法廷判決・民集32巻5号820頁、最高裁昭和58年（オ）第379号、第381号平成3年5月10日第三小法廷判決・民集45巻5号919頁等参照）の明言するところである。

(2) そこで、被告Y1（検察官）が平成18年11月2日の取調べ中に「弁護過誤だな」などと告知した行為（以下「本件告知行為」という。）の意味するところを検討するに、「弁護過誤だな」という発

言自体は、直接かつ明示的に原告ほかの弁護人らの弁護活動と関連づけて述べられたものではないものの、被告 Y1 は、それ以前から、「弁護士と会う度に発言内容を変えている」とか、「弁護士に何か言われているのか」など、供述調書への署名指印を拒む A の対応を弁護人の弁護方針と関連づける言動を繰り返してきたと解される上、同日の「弁護士の中でも人権とか言って被疑者に間違った弁護活動をいたずらに長引かせたり、結局被疑者のマイナスになるような弁護活動をやるような弁護士がいて困ったもんだ」、「弁護士に洗脳されてるんじゃないの」、「盲目的に弁護士を信じてても最後は弁護士は責任とってくれないよ」等の告知内容をも併せて考えれば、本件告知行為は、全体として、確定的認識の争点にこだわる余り供述調書への署名指印を拒む A の対応につき、原告ほかの弁護人らの誤った弁護方針に基づくものであると批判したに等しいといわざるを得ない。

　そして、A は、生まれて初めての逮捕・勾留という経験の中で、納得のできない供述調書に署名指印する必要はないという正論で助言してくれる弁護人に励まされる一方で、検察官の心証を損ねて不利益になるのではないか、弁護人の助言を真に受けて本当に大丈夫だろうかといった不安にさらされて、弁護人らへの信頼関係は激しく揺れ動くこととなったことは容易に想像できるところである。このような中で、取調べを担当する検察官という立場にある者が、上記のような弁護方針への批判を、取調中の密室で被疑者に告知するのは、弁護人と被疑者との信頼関係を破壊する言動と評価せざるを得ない。仮に、取調官によるこのような言動が放置されるならば、弁護人は、被疑者との信頼関係を維持することができなくなり、ひいて、被疑者との接見交通が、その実質を保ち得ない結果となることは明らかである。

　なお、被疑者の取調べは、一般に、罪責を逃れようとする不合理な弁解との戦いという側面を有することが少なくなく、そのような

弁解に対して毅然と立ち向かう必要があることは当然であるが、本件におけるような弁護方針批判は、やはりルール違反といわざるを得ないのであって、被告 Y1 による本件告知行為につき、捜査の遂行上の必要性、合理性を認めることもできない。

そうすると、被告 Y1 の本件告知行為は、実質的に、原告の固有の権利である接見交通権を侵害するものにほかならず、国家賠償法 1 条 1 項の適用上違法とされるべきものである。

8　最高裁判所第三小法廷平成 12 年 6 月 13 日判決要旨

検察官、検察事務官又は司法警察職員（以下「捜査機関」という。）は、弁護人又は弁護人を選任することができる者の依頼により弁護人となろうとする者（以下「弁護人等」という。）から被疑者との接見又は書類若しくは物の授受（以下「接見等」という。）の申出があったときは、原則としていつでも接見等の機会を与えなければならないのであり、刑訴法 39 条 3 項本文にいう「捜査のため必要があるとき」とは、右接見等を認めると取調べの中断等により捜査に顕著な支障が生ずる場合に限られる。そして、弁護人等から接見等の申出を受けた時に、捜査機関が現に被疑者を取調べ中である場合や実況見分、検証等に立ち会わせている場合、また、間近い時に右取調べ等をする確実な予定があって、弁護人等の申出に沿った接見等を認めたのでは、右取調べ等が予定どおり開始できなくなるおそれがある場合などは、原則として右にいう取調べの中断等により捜査に顕著な支障が生ずる場合に当たると解すべきである（前掲平成 11 年 3 月 24 日大法廷判決参照）。

右のように、弁護人等の申出に沿った接見等を認めたのでは捜査に顕著な支障が生じるときは、捜査機関は、弁護人等と協議の上、接見指定をすることができるのであるが、その場合でも、その指定

は、被疑者が防御の準備をする権利を不当に制限するようなもので
あってはならないのであって（刑訴法39条3項ただし書）、捜査機
関は、弁護人等と協議してできる限り速やかな接見等のための日時
等を指定し、被疑者が弁護人等と防御の準備をすることができるよ
うな措置を採らなければならないものと解すべきである。

　とりわけ、弁護人を選任することができる者の依頼により弁護人
となろうとする者と被疑者との逮捕直後の初回の接見は、身体を拘
束された被疑者にとっては、弁護人の選任を目的とし、かつ、今後
捜査機関の取調べを受けるに当たっての助言を得るための最初の機
会であって、直ちに弁護人に依頼する権利を与えられなければ抑留
又は拘禁されないとする憲法上の保障の出発点を成すものであるか
ら、これを速やかに行うことが被疑者の防御の準備のために特に重
要である。したがって、右のような接見の申出を受けた捜査機関と
しては、前記の接見指定の要件が具備された場合でも、その指定に
当たっては、弁護人となろうとする者と協議して、即時又は近接し
た時点での接見を認めても接見の時間を指定すれば捜査に顕著な支
障が生じるのを避けることが可能かどうかを検討し、これが可能な
ときは、留置施設の管理運営上支障があるなど特段の事情のない限
り、犯罪事実の要旨の告知等被疑者の引致後直ちに行うべきものと
されている手続及びそれに引き続く指紋採取、写真撮影等所要の手
続を終えた後において、たとい比較的短時間であっても、時間を指
定した上で即時又は近接した時点での接見を認めるようにすべきで
あり、このような場合に、被疑者の取調べを理由として右時点での
接見を拒否するような指定をし、被疑者と弁護人となろうとする者
との初回の接見の機会を遅らせることは、被疑者が防御の準備をす
る権利を不当に制限するものといわなければならない。

9　最高裁判所第三小法廷平成 17 年 4 月 19 日判決要旨

　被疑者が、検察官による取調べのため、その勾留場所から検察庁に押送され、その庁舎内に滞在している間に弁護人等から接見の申出があった場合には、検察官が現に被疑者を取調べ中である場合や、間近い時に上記取調べ等をする確実な予定があって、弁護人等の申出に沿った接見を認めたのでは、上記取調べ等が予定どおり開始できなくなるおそれがある場合など、捜査に顕著な支障が生ずる場合には、検察官が上記の申出に直ちに応じなかったとしても、これを違法ということはできない（最高裁平成 5 年（オ）第 1189 号同 11 年 3 月 24 日大法廷判決・民集 53 巻 3 号 514 頁参照）。

　しかしながら、検察庁の庁舎内に被疑者が滞在している場合であっても、弁護人等から接見の申出があった時点で、検察官による取調べが開始されるまでに相当の時間があるとき、又は当日の取調べが既に終了しており、勾留場所等へ押送されるまでに相当の時間があるときなど、これに応じても捜査に顕著な支障が生ずるおそれがない場合には、本来、検察官は、上記の申出に応ずべきものである。もっとも、被疑者と弁護人等との接見には、被疑者の逃亡、罪証の隠滅及び戒護上の支障の発生の防止の観点からの制約があるから、検察庁の庁舎内において、弁護人等と被疑者との立会人なしの接見を認めても、被疑者の逃亡や罪証の隠滅を防止することができ、戒護上の支障が生じないような設備のある部屋等が存在しない場合には、上記の申出を拒否したとしても、これを違法ということはできない。そして、上記の設備のある部屋等とは、接見室等の接見のための専用の設備がある部屋に限られるものではないが、その本来の用途、設備内容等からみて、接見の申出を受けた検察官が、その部屋等を接見のためにも用い得ることを容易に想到することができ、また、その部屋等を接見のために用いても、被疑者の逃亡、

罪証の隠滅及び戒護上の支障の発生の防止の観点からの問題が生じないことを容易に判断し得るような部屋等でなければならないものというべきである。

上記の見地に立って、本件をみるに、前記の事実関係によれば、広島地検の庁舎内には接見のための設備を備えた部屋は無いこと、及び庁舎内の同行室は、本来、警察署の留置場から取調べのために広島地検に押送されてくる被疑者を留置するために設けられた施設であって、その場所で弁護人等と被疑者との接見が行われることが予定されている施設ではなく、その設備面からみても、被上告人からの申出を受けたＢ検事が、その時点で、その部屋等を接見のために用い得ることを容易に想到することができ、また、その部屋等を接見のために用いても、被疑者の逃亡、罪証の隠滅及び戒護上の支障の発生の防止の観点からの問題が生じないことを容易に判断し得るような部屋等であるとはいえないことが明らかである。

したがって、広島地検の庁舎内には、弁護人等と被疑者との立会人なしの接見を認めても、被疑者の逃亡や罪証の隠滅を防止することができ、戒護上の支障が生じないような設備のある部屋等は存在しないものというべきであるから、Ｂ検事がそのことを理由に被上告人からの接見の申出を拒否したとしても、これを直ちに違法ということはできない。

(2)　しかしながら、上記のとおり、刑訴法39条所定の接見を認める余地がなく、その拒否が違法でないとしても、同条の趣旨が、接見交通権の行使と被疑者の取調べ等の捜査の必要との合理的な調整を図ろうとするものであること（前記大法廷判決参照）にかんがみると、検察官が上記の設備のある部屋等が存在しないことを理由として接見の申出を拒否したにもかかわらず、弁護人等がなお検察庁の庁舎内における即時の接見を求め、即時に接見をする必要性が認められる場合には、検察官は、例えば立会人の居る部屋での短時間の「接見」などのように、いわゆる秘密交通権が十分に保障されな

いような態様の短時間の「接見」（以下、便宜「面会接見」という。）
であってもよいかどうかという点につき、弁護人等の意向を確か
め、弁護人等がそのような面会接見であっても差し支えないとの意
向を示したときは、面会接見ができるように特別の配慮をすべき義
務があると解するのが相当である。そうすると、検察官が現に被疑
者を取調べ中である場合や、間近い時に取調べをする確実な予定が
あって弁護人等の申出に沿った接見を認めたのでは取調べが予定ど
おり開始できなくなるおそれがある場合など、捜査に顕著な支障が
生ずる場合は格別、そのような場合ではないのに、検察官が、上記
のような即時に接見をする必要性の認められる接見の申出に対し、
上記のような特別の配慮をすることを怠り、何らの措置を執らな
かったときは、検察官の当該不作為は違法になると解すべきであ
る。

2　書　式

1　初回接見時聴取事項リスト

(1)　被疑者の属性		
・住所（居所）		
・氏名	M・F	年　月　日生（　歳）
・就業先（就学先）		
・国籍		在留資格	
・単身者か否か		
・同居人	氏名	（被疑者との関係性）
	電話番号	

(2)　被疑事実	
・被疑事実の概要	①日時（　　年　　月　　日　　時　　分）
	②場所（　　　　　　　　　　　　　　　　　）
	③行為態様（　　　　　　　　　　　　　　　）
	④罪名（　　　　　　　　　　　　　　　　　）
	⑤被害者（　　　　　　　　　　　　　　　　）
	⑥被害品の概要（　　　　　　　　　　　　　）
	⑦その他（　　　　　　　　　　　　　　　　）
・法定刑	
・想定される終局処分	
・前科前歴の有無	
	前科前歴1	①罪名（　　　　　　　　　　　　　　　　　） ②処分内容（　　　　　　　　　　　　　　　） ③処分日(判決日)（　　　　　　　　　　　　） ④刑執行終了日（　　　　　　　　　　　　　）

	前科前歴2	①罪名( ) ②処分内容( ) ③処分日（判決日）( ) ④刑執行終了日( )
	前科前歴3	①罪名( ) ②処分内容( ) ③処分日（判決日）( ) ④刑執行終了日( )
・認否		
・否認の態様		

(3)　手続の状況

・逮捕日	
・送検（予定）日	
・勾留質問（予定）日	

(4)　証拠構造

・想定される証拠，証人		
・捜査機関が確保していると思われる証拠		
・被害者	氏名	（被疑者との関係性）
	連絡先	
・目撃者	氏名	（被疑者との関係性）
	連絡先	
・共犯者	氏名	（被疑者との関係性）
	連絡先	
・自白調書，員面調書の有無，内容		

(5)　逮捕に至る経緯		
・逮捕の種類	☐　通常逮捕　　　　☐　現行犯逮捕 ☐　準現行犯逮捕	
・逮捕日時，状況		
・罪証隠滅，逃亡を疑 　われる逮捕時の事情 　の有無		
・違法捜査の有無		
・自首，出頭の有無		
(6)　情状に関係する事実		
・余罪の有無		
・その他		
(7)　身元引受人の有無		
	氏名	（被疑者との関係性）
	連絡先	
(8)　被疑者の心情		
・示談，謝罪意思の有 　無		
・示談金，被害弁償金 　の原資の有無		
(9)　勾留により被疑者に生じる不利益の有無等		

2 弁護人選任届

刑事被疑者弁護援助制度利用　□有　□無

弁　護　人　選　任　届

令和　　年　　月　　日

_____御　中

被疑者_____

　被疑者に対する_____被疑事件について，下記弁護士を弁護人に選任しましたので，連署をもってお届けします。

被疑者_____印

※要指印証明

事務所　〒　　　　－

法律事務所

TEL　　　　　－　　　　　－
FAX　　　　　－　　　　　－
所　属　　　　　　　　　弁護士会

弁護人_____印

3　身元引受書（身体拘束からの早期解放を目指す場合）

令和　年（　）第　　　号　　　被疑事件

身　元　引　受　書

令和　　年　　月　　日

＿＿＿＿＿＿＿＿＿＿裁判所裁判官 殿

被疑者＿＿＿＿＿＿＿＿＿＿

　私は，被疑者＿＿＿＿＿の身柄を引き受け，指示された居住地へ連れ帰るとともに責任をもって，次のことをお約束します。

1　検察庁，警察の呼出しや，裁判所の召喚には必ず被疑者を出頭させます。

2　被疑者に居住場所をくらますようなことや，呼出しの手紙などが届かないようなところに住まいを変えたりすることは決してさせません。

3　本件の処分が決まるまでの間，被疑者に対して，＿＿＿＿＿＿に近づかないよう指導します[1]。

4　本件の処分が決まるまでの間，被疑者を本件相手方に対して，直接または弁護人を除く他の者を介して面接，通信，電話等による一切の接触をさせません。

5　本件の処分が決まるまでの間，被疑者が出国しないよう指導・監督致します。

（ふりがな）

身柄引受人　氏名　　　　　　　　　　　　　　　　　印

1　痴漢事件、盗撮事件などの場合には、事件の起きた時間帯や場所に被疑者を接触させないように監督する旨の記載をしたほうがよいケースがあります。

住居
電話番号
本人との続柄

4　電話聴取書（身体拘束からの早期解放を目指す場合）

令和　年（　）第　　号　　被疑事件

電 話 聴 取 書[2]

令和　　年　　月　　日

＿＿＿＿＿＿＿＿御中

A弁護人弁護士　　　　　　印

　被疑者＿＿＿A＿＿に対する＿＿＿被疑事件について，以下のとおり電話で聴取した結果を報告する。

1　聴取日時
　　令和　年　月　日　時　分～同日　時　分
2　発信者
　　氏　　名　弁護士＿＿＿＿＿＿
　　電話番号　＿＿＿＿＿＿＿＿
3　受信者
　　住　　所　　＿＿＿＿＿＿＿＿＿＿
　　氏　　名　　＿＿＿＿＿＿＿＿＿＿
　　被疑者との関係　＿＿＿＿＿＿＿＿
　　電話番号　　＿＿＿＿＿＿＿＿＿＿
4　聴取内容[3]

2　身元引受書の作成が勾留質問日までに間に合わない場合であっても、電話聴取書で代用することができる場合があります。
3　罪証隠滅のおそれ、逃亡のおそれを解消する事情だけでなく、勾留により被疑者に生じる不利益に関する事情も記載する。

「私は＿＿＿＿と申します。Ａの妻です。Ａが，＿＿＿＿の疑いで＿＿＿＿警察署留置施設において勾留されていることは，弁護人から説明を受け把握しました。Ａが裁判所，検察庁，警察署からの呼び出しを受けた場合には，必ず出頭させるようにします。また，今後，Ａが罪証隠滅を図ったり，本件関係者に接触を図ったり，逃亡を図ったりしないよう，厳に監督することを誓約します。現在Ａは＿＿＿＿という会社の従業員の立場にあります。Ａの勾留が継続された場合には，Ａは＿＿＿＿社を解雇され，Ａはもちろん私や子らは路頭に迷うことになってしまいます。どうか寛大なご判断をお願い致します。」

以上

5　誓約書（身体拘束からの早期解放を目指す場合）

誓　約　書[4,5]

令和　　年　　月　　日

＿＿＿＿＿＿＿＿裁判所　担当裁判官　殿

　私は，勾留請求が却下された場合には裁判所の指示に従って生活することを誓約し，判決がなされるまでの間，以下のことを固く約束致します。

(1) 裁判所の指定した制限住所で生活し，検察庁，警察の呼出しや，裁判所の召喚には必ず出頭します。

(2) 居住場所をくらますようなことや，呼出しの手紙などが届かないようなところに住まいを変えたりすることは決してしません。

(3) 本件関係者に対して，直接または弁護人を除く他の者を介して面接，通信，電話等による一切の接触をしません。

(4) 無断で出国したり旅行をしたりしません。

住　所　＿＿＿＿＿＿＿＿＿＿＿＿＿＿＿＿＿＿＿＿＿＿

氏　名　＿＿＿＿＿＿＿＿＿＿＿＿＿＿＿＿＿＿＿印

4　初回接見時に定型の誓約書を持参するのがよいでしょう。身体拘束からの早期解放を目指す場合には、その場で記入してもらえば効率的に誓約書を作成することができます。

5　特にアピールしたい事情がある場合には、誓約書の下部余白部分に手書きで被疑者に記入をしてもらうことが効果的な場合があります。

6 嘆願書①（身体拘束からの早期解放を目指す場合）[6]

嘆　願　書

令和　　年　　月　　日

＿＿＿＿＿＿裁判所　担当裁判官　殿

　私は，令和　年　月　日，被疑者から＿＿＿＿＿の被害を受けました。しかし，被疑者との間には２人の子がおり，これまで被疑者からは子らの養育費として月額〇万円を受け取っており，今後も養育費を受け取りたいと考えています。被疑者の勾留が継続されてしまうと，被疑者は職を失い，私に対する被害弁償や養育費の支払ができなくなってしまいます[7]。そのような事情がありますので，被疑者の勾留を解いて頂くことを希望致します。

以上

住　所＿＿＿＿＿＿＿＿＿＿＿＿＿＿＿＿＿＿＿＿＿＿＿＿＿＿＿

氏　名＿＿＿＿＿＿＿＿＿＿＿＿＿＿＿＿＿＿＿＿＿＿＿印＿＿

6　被疑者と被害者が夫婦、親子、交際相手などの場合で、被害者が被疑者の勾留を望んでいない場合には、罪証隠滅のおそれを払拭し、勾留の必要性がないことを裏付けるために、このような嘆願書の取得を試みるべき場合があります。

7　勾留された場合に被疑者や被害者に生じる不利益などの事情を盛り込むことにより、嘆願書に説得力が生じます。

7　嘆願書②（被疑者と被害者が同居している事情がある場合）[8]

嘆　願　書

令和　　年　　月　　日

＿＿＿＿＿＿裁判所＿＿＿＿＿支部　担当裁判官　殿

　私は，令和　　年　　月　　日，暴行の疑いで逮捕されたＡの母親です。今回，Ａは私に対する暴行の疑いで逮捕されましたが，逮捕後，深く反省していると聞き及んでいます。私としては，Ａは実の娘ですし，今後も同居し，身の回りの世話などもしてもらいたいと考えております。Ａの他に，身の回りの世話を頼める親戚や知人はおりません。Ａの母親である私はＡが刑事処分を受けることは望んでいません。

　以上のような次第ですので，今回の事件についてＡを許すこととし，Ａを釈放して頂いた上で寛大な処分をして下さるようお願いします。

以上

住　所＿＿＿＿＿＿＿＿＿＿＿＿＿＿＿＿＿＿＿＿＿＿＿＿＿＿＿

氏　名＿＿＿＿＿＿＿＿＿＿＿＿＿＿＿＿＿＿＿＿＿印＿＿＿＿＿

8　身体拘束からの早期解放を目指す場合で、かつ、被疑者と被害者が同居している事情がある場合の書式例です。被疑者と被害者の関係が今後も継続することが予想される場合で、被害者が嘆願書の作成に協力的な場合には、罪証隠滅のおそれを払拭し、勾留の必要性がないことを明らかにするために、同居することの必要性などを記載した嘆願書を作成すべき場合があります。

8　供述録取書

```
              供 述 録 取 書

供述録取日　令和　年　月　日
供述録取場所　＿＿＿警察署留置施設
被疑者氏名　　＿＿＿＿＿＿＿＿＿＿
被疑者住所　　＿＿＿＿＿＿＿＿＿＿
被疑者生年月日　＿＿＿＿＿＿＿＿＿
供述録取者　　弁護士＿＿＿＿＿＿＿

                    記


1　私は，
2
3
4
                              以上


　当職は，以上のとおり録取し，令和　年　月　日，被疑者＿＿＿＿
に対し，本供述録取書を交付し，その内容を口頭で読み上げ，被疑者
＿＿＿＿にそれを聞かせた上で，改めて自身で本供述録取書を読んだ
ところ，その内容に誤りがないとして，各様の欄外に指印した上，本
文末尾に署名指印した。


                    令和　年　月　日9
            録取者　弁護士＿＿＿＿＿＿　印
            供述人＿＿＿＿＿＿＿＿＿＿　印
```

9　供述録取書の記載内容の信用性を担保する手段として、供述録取書作成後に、
①公証役場において確定日付を押印してもらう、②郵便局において記念押印
をしてもらう、③供述録取書を作成直後に、メールやFAXの方法により送
付し作成日が明らかとなるようにしておく、などの方法があります。

9　勾留請求せず釈放することを求める意見書（検察官宛）

被疑事件　窃盗被疑事件
被疑者　○○（令和　　年　月　日逮捕）

意見書

令和　　年　　月　　日

検察庁　担当検察官　殿

上記被疑者弁護人＿＿＿＿＿＿＿＿＿＿　印
（TEL：　　－　　　　－　　，　　－　　　　－　　）10

　上記被疑者に対する上記被疑事件について，弁護人の意見は以下のとおりである。

記

第1　意見の趣旨
　本件について，勾留請求をせず，直ちに被疑者を釈放すべきである。

第2　申立ての理由
1　はじめに
　　本件は，罪証隠滅の具体的可能性はなく，且つ，逃亡のおそれもない事案であって，勾留の必要性はなく，在宅により捜査をすべき事案である。
2　事実関係
　（1）前提

10　土日祝日、深夜などに裁判所から弁護人宛に電話連絡がくる可能性があるため、事務所の電話番号と携帯電話の番号を併記するのがよいでしょう。

本件は，被疑者が，…という事案である。

被疑者は，被疑事実のうち，外形的事実は認め，故意は否認している[11]。

(2) 被疑者は自らの行動が万引きと疑われる行為であったことについて反省しており，以下のとおり，罪証隠滅の具体的可能性はなく，且つ，逃亡のおそれもない。

3 罪証隠滅を疑う相当の理由はない（同法60条1項2号）

(1) 本件に至る経緯を供述していること[12]

被疑者は，既に警察から取調べを受け，被害店舗において商品の精算をせずに駐車場に向かおうとしたことを説明しており，本件の外形的事実を認める調書が作成されている。

(2) 証拠構造[13]

事件の様子を記した保安員の供述調書は既に作成済みであり捜査機関が保持している。同店舗の防犯カメラ映像は既に捜査機関に任意提供され，捜査機関が保持し，解析済みである。

また，被疑者が店舗を出る際に財布を所持しておらず，自動車内に置いていたことは臨場した警察官が確認済である。

本件の証拠構造からすると罪証隠滅を図ることは不可能であり，且つ，被疑者には罪証隠滅を図る動機はない。

(3) 被疑者が罪証隠滅を図らないことを誓約していること[14]

被疑者は，誓約書を作成し，今後，罪証隠滅をしたりしない旨誓約している。罪証隠滅を疑う相当の理由はない。

(4) 被疑者の態度[15]

被疑者は，万引きを疑われる行為をなしたことについて反省しており，今後，弁護人を通じて示談交渉をする旨を述べている。

このような被疑者の態度からすれば，被疑者が被害者に対して威迫等を用いてその供述を変えさせることはありえない。

---

11 否認事件であるが行為の外形は争っていないことを記述します。

12 外形的事実を争っていないことを記述します。

13 客観的事実を立証する証拠を既に捜査機関が確保していることなどの証拠構造を記述します。

14 罪証隠滅を図る意思がないことを記載します。

(5)　被疑者は，B社に勤務する会社員である。このまま勾留が続くと，被疑者は職を失い，生活が成り立たなくなってしまう。万が一，被疑者が罪証隠滅を図ることを企図して重い処罰をなされることになった場合，職を失う可能性がある。被疑者が罪証隠滅をすることは考えられない[16]。

(6)　本件により刑事処分がなされる可能性を考慮しても罪証隠滅を図る動機はないこと[17]

被疑者には前科前歴はなく，本件によりなされる処分はせいぜい不起訴処分かあるいは罰金にすぎない。被疑者に罪証隠滅を図る動機はないし，罪証隠滅の現実的可能性はほぼない。

(7)　身元引受人の存在等[18]

被疑者は，夫，未成年の子1名の計3人で現住所において生活をしている。被疑者の夫が，今後厳しく監督する旨を述べている（添付の身元引受書参照）。身元引受人の監督能力に問題は見られない。家族のためにも，被疑者が罪証隠滅を図ることなど考えられない。

(8)　結論

以上のように，罪証隠滅を疑う相当な理由はないのであって，本件は刑訴法60条1項2号に該当しない。

4　逃亡を疑う相当な理由はない（刑訴法60条1項3号）

(1)　被疑者には住居があり同所で生活している。

被疑者が頼ることができるのは，現住所しかない。被疑者には，職や家族を放棄して，家を離れて逃亡することはありえない。

15　外形的事実について認めていること、外形的事実については罪証隠滅の動機がないことを記載します。
16　被疑者に罪証隠滅を図る主観的動機がないことを記載します。
17　終局処分の見通しを踏まえると、罪証隠滅の動機に乏しいことをアピールします。
18　身元引受人の存在を記載するだけではなく、家族構成からして、罪証隠滅を図る動機がないことなどをアピールします。

(2) 被疑者には前科前歴はなく，本件で被疑者が起訴されたとして
もせいぜい罰金とされる可能性が高い。被疑者が，罰金刑を回避
するために，職や家族を見捨てて逃亡する動機はない。逃亡する
おそれなど皆無である。

(3) 被疑者には逃亡を図る主観的な意図は全くない。

被疑者は，被害店舗に大変な迷惑をかけたことを反省している。
被疑者には逃亡を図る主観的意図は全く見受けられない。

(4) 監督者の存在

被疑者の夫が監督する旨を述べており，同人の監督能力に特段
の問題はみられず，被疑者が逃亡することなど考えられない。

(5) 被疑者には同居する未成年の子が1名おり，未成年の子の育成
を放棄して逃亡する動機などない。

(6) 結論

以上述べたように，被疑者には，逃亡を図る現実的可能性がほ
ぼなく，被疑者に逃亡を疑う相当な理由はなく刑訴法60条1項3
号に該当する事由はない。

5 勾留を継続する必要性がないこと[19]

先述のように，被疑者は，B社に勤務している。被疑者家族はそ
れほど裕福ではないところ，このまま勾留が続くと，被疑者は職を
失い，生活が成り立たなくなってしまう。被疑者の職を失わせてま
で，勾留をする必要性・合理性はない。

被疑者には未成年の子が1名（　歳の長男）おり，被疑者家族の
崩壊を防ぐ必要性に鑑みると，勾留を継続する必要性はない。

第3 結論

被疑者について勾留請求されるべきではなく，直ちに釈放される
べきである。

以上

---

[19] 勾留を続けることにより被疑者に生じる不利益に関する事情があればできる
だけ指摘する必要があります。

添付資料

1	身元引受書（被疑者の夫）	1通
2	身分証明書写し（被疑者の夫）	1通
3	誓約書（被疑者）	1通
4	社員証写し（被疑者）[20]	1通
5	ホームページ写し（被疑者の職場）[21]	1通

20　被疑者に定職があることを裏付ける資料
21　被疑者の勤務先の概要、存在を裏付ける資料

10 勾留請求却下を求める意見書①（万引きの故意否認の事案)[22]

被疑事件　窃盗被疑事件
被疑者　○○（令和　　年　月　日逮捕）

意見書

令和　　年　　月　　日

裁判所　担当裁判官　殿

上記被疑者弁護人　　　　　　　　印
（TEL：　　－　　　　－　　，　　－　　　　－　　）[23]

　上記被疑者に対する上記被疑事件について，令和　　年　月　日になされた勾留請求に対する意見の趣旨は以下のとおりである。

記

第1　意見の趣旨
　　　本件勾留請求を却下する
　　　との裁判を求める。

第2　申立ての理由
1　はじめに

---

22 基本的に、検察官に提出した意見書と同じ内容を主張することになります。検察官に意見書を提出した段階から勾留質問までの間に収集した証拠や情報がある場合には、積極的に記載すべきでしょう。
23 土日祝日、深夜などに裁判所から弁護士宛てに電話連絡がくる可能性があるため、事務所の電話番号と携帯電話の番号を併記するのがよいでしょう。

　　　本件は，罪証隠滅の具体的可能性はなく，且つ，逃亡のおそれもない事案であって，勾留の必要性はなく，勾留請求は却下されるべきである。

2　事実関係

（1）　前提

　　　本件は，被疑者が，令和　年　月　日，B店において万引きをしたとして逮捕された窃盗被疑事件である。

　　　被疑者は，本件店舗隣の駐車場に自動車を停車させて買い物をしていたところ，店舗内で，自動車内に財布を置き忘れたことに気づいた。そして，商品をカートに積んだまま，精算をせず，店舗を出て駐車場に向かおうとしたところ，警備員に呼び止められ，その後逮捕されたものである。

　　　被疑者は，事件の外形的事実は認め，故意は否認している[24]。

（2）　被疑者は自らの行動が万引きと疑われる行為であったことについて反省しており，以下の通り，罪証隠滅の具体的可能性はなく，且つ，逃亡のおそれもない。

3　罪証隠滅を疑う相当の理由はない（刑訴法60条1項2号）

（1）　本件に至る経緯を供述していること[25]

　　　被疑者は，既に警察から取調べを受け，被害店舗において商品の精算をせずに駐車場に向かおうとしたことを説明しており，本件の外形的事実を認める調書が作成されている。

（2）　証拠構造[26]

　　　事件の様子を記した保安員の供述調書は既に作成済みであり捜査機関が保持している。

　　　同店舗の防犯カメラ映像は既に捜査機関に任意提供され，捜査機関が保持し，解析済みである。

　　　また，被疑者が店舗を出る際に財布を所持しておらず，自動車内に置いていたことは臨場した警察官が確認済である。

24　否認事件であるが行為の外形は争っていないことを記述します。

25　外形的事実を争っていないことを記述します。

26　客観的事実を立証する証拠を既に捜査機関が確保していることなどの証拠構造を記述します。

本件の証拠構造からすると罪証隠滅を図ることは不可能であ
　　り，且つ，被疑者には罪証隠滅を図る動機はない。
(3)　被疑者が罪証隠滅を図らないことを誓約していること[27]
　　　被疑者は，誓約書を作成し，今後，罪証隠滅をしたりしない旨
　　誓約している。罪証隠滅を疑う相当の理由はない。
(4)　被疑者の態度[28]
　　　被疑者は，万引きを疑われる行為をなしたことについて反省し
　　ており，今後，弁護人を通じて示談交渉をする旨を述べている。
　　　このような被疑者の態度からすれば，被疑者が被害者に対して
　　威迫等を用いてその供述を変えさせることはありえない。
(5)　被疑者は，B社に勤務する会社員である。このまま勾留が続
　　くと，被疑者は職を失い，生活が成り立たなくなってしまう。万
　　が一，被疑者が罪証隠滅を図ることを企図して重い処罰をなされ
　　ることになった場合，職を失う可能性がある。被疑者が罪証隠滅
　　をすることは考えられない[29]。
(6)　本件により刑事処分がなされる可能性を考慮しても罪証隠滅
　　を図る動機はないこと[30]
　　　被疑者には前科前歴はなく，本件によりなされる処分はせいぜ
　　い不起訴処分かあるいは罰金にすぎない。被疑者に罪証隠滅を図
　　る動機はないし，罪証隠滅の現実的可能性はほぼない。
(7)　身元引受人の存在等[31]
　　　被疑者は，夫，未成年の子1名の計3人で現住所において生活
　　をしている。被疑者の夫が，今後厳しく監督する旨を述べている
　　（添付の身元引受書参照）。身柄引受人の監督能力に問題は見られ
　　ない。家族のためにも，被疑者が罪証隠滅を図ることなど考えら
　　れない。

27　罪証隠滅を図る意思がないことを記載します。
28　外形的事実について認めているため罪証隠滅の動機がないことを記載します。
29　被疑者に，罪証隠滅を図る主観的動機がないことを記載します。
30　終局処分の見通しを踏まえると，罪証隠滅の動機に乏しいことをアピールし
　　ます。
31　身元引受人の存在を記載するだけではなく、家族構成からして、罪証隠滅を
　　図る動機がないことなどをアピールします。

(8)　結論

　　以上のように，罪証隠滅を疑う相当な理由はないのであって，本件は刑訴法60条1項2号に該当しない。

4　逃亡を疑う相当な理由はない（同法60条1項3号）

(1)　被疑者には住居があり同所で生活している。

　　被疑者が頼ることができるのは，現住所しかない。被疑者には，職や家族を放棄して，家を離れて逃亡することはありえない。

(2)　被疑者には前科前歴はなく，本件で被疑者が起訴されたとしてもせいぜい罰金とされる可能性が高い。被疑者が，罰金刑を回避するために，職や家族を見捨てて逃亡する動機はない。逃亡するおそれなど皆無である。

(3)　被疑者には逃亡を図る主観的な意図は全くない。

　　被疑者は，被害店舗に大変な迷惑をかけたことを反省している。被疑者には逃亡を図る主観的意図は全く見受けられない。

(4)　監督者の存在

　　被疑者の夫が監督する旨を述べており，同人の監督能力に特段の問題はみられず，被疑者が逃亡することなど考えられない。

(5)　被疑者には同居する未成年の子が1名おり，未成年の子の育成を放棄して逃亡する動機などない。

(6)　結論

　　以上述べたように，被疑者には，逃亡を図る現実的可能性がほぼなく，被疑者に逃亡を疑う相当な理由はなく刑訴法60条1項3号に該当する事由はない。

5　勾留を継続する必要性がないこと[32]

　　先述のように，被疑者は，B社に勤務している。被疑者家族はそれほど裕福ではないところ，このまま勾留が続くと，被疑者は職を失い，生活が成り立たなくなってしまう。被疑者の職を失わせてまで，勾留をする必要性・合理性はない。

　　被疑者には未成年の子が1名（　歳の長男）おり，被疑者家族の崩壊を防ぐ必要性に鑑みると，勾留を継続する必要性はない。

32　意外と忘れがちですが、勾留を続けることにより被疑者に生じる不利益に関する事情があればできるだけ指摘する必要があります。

第3　最高裁判所決定の趣旨[33]

　　　最高裁判所平成 26 年 11 月 17 日決定以降，罪証隠滅の現実的可能性・逃亡の現実的可能性がない事案であるのにもかかわらず漫然と勾留決定がなされた事案について，上級庁が原裁判を取消し，勾留請求を却下する事案が日本全国で増加している。最高裁判所が人質司法からの脱却を目指し，形骸化した無罪推定の原則を正そうとしているのである。

　　　御庁におかれては，この最高裁判所決定の趣旨に照らし，慎重な判断をされるべきである。

第4　結論

　　　被疑者について勾留されるべきではなく，速やかに，勾留請求は却下されるべきである。

以上

添付資料

1	身元引受書（被疑者の夫）	1 通
2	身分証明書写し（被疑者の夫）	1 通
3	誓約書（被疑者）	1 通
4	社員証写し（被疑者）[34]	1 通
5	ホームページ写し（被疑者の職場）[35]	1 通

33　勾留についての判断が厳格化していること、最高裁判所の決定の概要を記載します。普段勾留事務に関与していない裁判官が勾留質問を行う際に、最高裁判所決定の存在をアピールして慎重な判断をすることを促すとともに、不当な判断がなされた場合には、暗に準抗告をする可能性があることを示唆する記述をします。
34　被疑者に定職があることを裏付ける資料
35　被疑者の職の概要、存在を裏付ける資料

11　勾留請求却下を求める意見書②（公然わいせつの故意否認の事案）

被疑事件　公然わいせつ被疑事件

被疑者　○○（令和　　年　月　日逮捕）

意見書

令和　　年　月　日

地方裁判所　　支部　担当裁判官　　殿

上記被疑者弁護人　　　　　　　印
（TEL：　－　　　－　　，　－　　　－　　　）

　上記被疑者に対する上記被疑事件について，弁護人の意見は以下のとおりである。

記

第1　意見の趣旨

　　勾留請求は却下されるべきである。

第2　上記意見の理由

1　はじめに

　　本件は，刑訴法60条1項各号の要件に該当しない事案であるため，勾留請求は却下されるべきである。

2　事実関係

　　本件は，被疑者が，○○線内において，陰茎を露出させたとして，公然わいせつ罪に該当するとして逮捕された事案である。

　　被疑者の主張は，①令和　年　月　日，久しぶりに○○競輪場に行って競輪を観戦することを計画し，○○駅で飲食し（その際日本酒1合，ウーロンハイ3杯を飲酒した。），午後2時半から3時にかけて，○○駅から○○線に乗車し，○○駅に向かった，②○○駅で乗車す

る前にトイレに立ち寄った，③乗車後は○○駅まで座っていたが，久しぶりに○○競輪場に向かうことになったため，ドアの上の路線図を確認しようと思い，○○駅についてから座席を立った，④座席を立ち，路線図を見た後，ドアの横に立ち，○○駅で降りてトイレに入った，⑤トイレから出て改札を出た所で警察官に呼び止められた，⑥被疑者は，難病認定されている甲状靭帯骨化症という病気を患っており（甲状靭帯骨化症とは，脊椎椎体の後縁を上下に連結し，脊柱を縦走する後縦靭帯が骨化し増大した結果，脊髄の入っている脊柱管が狭くなり，脊髄や脊髄から分枝する神経根が圧迫されて知覚障害や運動障害等の神経障害を引き起こす病気のことをいう。），その結果，陰茎の知覚にも障害を有しており，2年程前，自宅兼店舗（被疑者は○○店を経営している。）の厨房で，トイレから出た際に陰茎を露出していたという出来事があった，⑦上記⑥からも明らかなように，今回陰茎を露出してしまったのは，わいせつ目的によるものではなく，甲状靭帯骨化症の影響によるものであって，○○駅のトイレに入った際に，酒に酔った影響もあり，陰部を露出したまま電車に乗ってしまった，というものである。被疑者は，結果的に陰茎を露出させてしまったことについて深く反省している。

　証拠隠滅のおそれ，逃亡のおそれがないことに加え，それほど重大な事案ではないため，被疑者は勾留されるべきではない。以下詳述する。

3　住居が定まっている（同法60条1項1号）

　　被疑者の住居は，○○である。

　　したがって，刑訴法60条1項1号の要件には該当しない。

4　罪証隠滅を疑う相当の理由はない（同法60条1項2号）

　(1)　被害者は，既に警察から取調べを受け，事件の経緯や，陰茎を露出するに至ってしまった理由を説明し，調書が作成されている。被疑者は，結果的に陰茎を露出してしまったこと自体は認めており，公然わいせつの故意を否認しているにすぎない。被疑者が陰茎を露出させてしまったこと自体を認めていることからすると，罪証隠滅のおそれはないことは明らかである。

　(2)　被疑者は，今後，弁護士を通さずして目撃者等に接触したり罪証隠滅をしたりしない旨誓約しており，被疑者の妻・被疑者の

両親（被疑者の自宅兼店舗の道路を挟んだ向かいに居住している。）被疑者を監督する旨を述べている。

(3)　被疑者は，令和　　年　　月　　日，数年ぶりに，○○競輪場に行って競輪を観戦するために○○線に乗車し，本件に至ったものであって，目撃者の女性とは面識はなく，当該女性の個人情報は一切知らない。そのため，被疑者が目撃者に接触を図ろうとしても接触のしようがない。罪証隠滅を疑う相当の理由はない。

(4)　本件について共犯者は存在しないため，口裏合わせ等の危険は存在しない。

(5)　被疑者は，本件の目撃者・被害者らに接触を図らないことを誓約している。そして，被害者に接触した場合には，重い刑事処分を受けるおそれがあることを十分に理解している。被疑者が目撃者・被害者に接触して罪証隠滅をするおそれはない。

(6)　被疑者は，結果的に陰茎を露出させてしまったことについて反省の弁を述べている。

　　このような被疑者の態度からすれば，被疑者が被害者に対して威迫等を用いてその供述を変えさせることはありえない。

(7)　被疑者は，現在，○○の自宅兼店舗において，「○○」という○○店を経営している。同店舗の経営を放棄し，家族（隣の家に住む両親，同居する妻や　　歳と　　歳の娘ら）の生活を見捨ててまで被疑者が逃亡したり，証拠隠滅を図ったりすることは考えがたい。

　　被疑者が罪証隠滅を図る動機などない。

(8)　被疑者には前科はない。

　　被疑者は，約　　年前に　　により不起訴とされた前歴以外には前科前歴を有しない。

　　そうすると，本件により処分がなされたとしても，せいぜい罰金の処分が科せられる可能性が高い。○○店を経営する被疑者には，罰金が科せられることを逃れるために罪証隠滅を図る動機やメリットは皆無である。

(9)　結論

　　以上のように，罪証隠滅を疑う相当な理由はないのであって，本件は刑訴法60条1項2号に該当しない。

5　逃亡を疑う相当な理由はない（同法60条1項3号）
　(1)　上記のように，被疑者には住居があり同所で生活している。
　　　　被疑者が頼ることができるのは，自らの自宅か，隣に住む両親
　　　の家しかなく被告人が逃亡することはありえない。
　(2)　被疑者は，罰金刑を回避するために，現在の地位（○○の経
　　　営者としての地位，両親・妻・子らとの生活）を捨てて逃亡する
　　　動機はない。逃亡するおそれなど皆無である。
　　　　被疑者は，○○を経営している。当該店舗の料理人は被疑者一
　　　人だけである。参考資料からも明らかなように，今後も顧客から
　　　の予約が入っており，被疑者が逃亡をした場合には，○○の経営
　　　が成り立たなくなることは明らかである。そうすると，被疑者家
　　　族は，中学校○年生の子らの学費を支払うことが困難になるばか
　　　りか，生活費を稼ぐことも困難になってしまう。さらに，被疑者
　　　は日ごろから両親に生活費の援助をしていたところ，こうした両
　　　親への生活費の援助金を捻出することができなくなってしまう。
　　　　被疑者が逃亡した場合には，被疑者のみならず，被疑者の妻・
　　　未成年の子・両親らの生活が行き詰ってしまうことは明らかであ
　　　る。被疑者が逃亡を図ることなど考えられない。
　(3)　本件は，仮に被疑者に刑事処分が科せられるとしても，せい
　　　ぜい罰金の処分を受けるにすぎない事案である。
　　　　そうすると，そもそも，逃亡して罰金よりも重い処罰を受ける
　　　リスクを犯してまで被疑者において逃亡する動機が存在しない。
　(4)　被疑者には逃亡を図る主観的な意図は全くない。
　　　　被疑者は，陰茎を露出するに至ってしまったことを大変反省し
　　　ている。被疑者には逃亡を図る主観的意図は全く見受けられない。
　(5)　監督者の存在
　　　　被疑者の妻及び両親が身元引受の意思を表している。被疑者の
　　　妻や両親は，令和　　年　月　日に早朝に○○警察署の警察官か
　　　ら被疑者が○○警察署において逮捕されていることを聞くや否
　　　や，その日の午後1時半には3人で○○警察署を訪れた。
　　　　また，同人らは，令和　　年　月　日の早朝に弁護人から，事
　　　情の説明をしたいので弁護人の事務所に当日中に来所するよう要
　　　請したところ，3名揃って，同日の午後○時半に弁護人の事務所
　　　に来所した。

　　このように，被疑者の妻・両親は，真剣に被疑者の身を案じており，被疑者に対する監督能力が十分にあるといえる。

　　被疑者が，妻や両親の期待を裏切り，現在の地位・職場・家族との関係等を放棄して逃亡することなど考えがたい。

(6)　結論

　　被疑者に逃亡を疑う相当な理由はなく刑訴法 60 条 1 項 3 号に該当する事由はない。

6　結語

　　以上のように，本件は刑訴法 60 条 1 項各号の要件を満たさない事案であり，且つ，勾留の必要性・相当性のない事案であるため，勾留請求は却下されるべきである。

以上

添付資料

1	身柄引受書（被疑者の妻）	1 通
2	上申書（同上）	1 通
3	身分証写し（同上）	1 通
4	身柄引受書（被疑者の父）	1 通
5	上申書（同上）	1 通
6	身分証写し（同上）	1 通
7	身柄引受書（被疑者の母）	1 通
8	身分証写し（同上）	1 通
9	誓約書（被疑者作成）	1 通
10	食品営業許可証[36]	1 通
11	名刺（○○店）[37]	1 通
12	○○店予約メモ[38]	1 通

---

36 被疑者が経営している店舗の実在と被疑者の役割を裏付ける資料
37 被疑者が経営している店舗の実在と被疑者の役割を裏付ける資料
38 勾留されることにより被疑者や被疑者家族に生じる不利益を裏付ける資料

12 準抗告申立書（公務執行妨害、傷害の否認事案）

被疑事件　公務執行妨害，傷害被疑事件
被疑者　　○○（令和　　年　月　日勾留決定）

勾留決定に対する準抗告申立書

令和　　年　月　日

地方裁判所　　支部　　御中

上記被疑者弁護人　　　　　　　印
（TEL：　　　－　　　－　，　　　－　　　－　　　）

　上記被疑者に対する上記被疑事件について，令和　　年　月　日になされた勾留決定に対する本申立ての趣旨は以下のとおりである。

記

第1　申立ての趣旨
　　原裁判を取り消す
　　勾留請求を却下する
　　との裁判を求める。

第2　申立ての理由
　1　はじめに
　　　本件は，罪証隠滅の具体的可能性はなく，且つ，逃亡のおそれもない事案であって，勾留の必要性はなく，勾留請求は却下されるべきである。
　2　事実関係
　（1）前提
　　　被疑者は，令和　　年　月　日，酒に酔い泥酔し，飲食店において居合わせた客と口論になった。その際，いずれかの者により110番通報がなされ，現場に臨場した警察官が被疑者を制止しようとした際に，警察官らにかみつく暴行を加えるなどし

た，公務執行妨害，傷害の事案である。被疑者は酒に酔っており，暴行を覚えていない。

(2) 被疑者は泥酔していたこともあり，暴行行為の態様等を覚えていないが，自らが何らかの問題を起こしてしまったことについては深く反省しており，以下の通り，罪証隠滅の具体的可能性はなく，且つ，逃亡のおそれもない。

3　罪証隠滅を疑う相当の理由はない（同法60条1項2号）

(1) 本件に至る経緯を供述をしていること

被疑者は，既に警察から取調べを受け，事件前日・当日の飲酒量・経緯等を説明した調書が作成されており，この点について罪証隠滅を図る動機はない。

(2) 証拠構造

犯行態様や暴行をしたか否かについては，被疑者は酒に酔い覚えていない。しかし，被害者は，警察官であり，その他現場に10名ほどの警察官が臨場しており，証人が多数いる事案である。常識的に考えて，罪証隠滅の現実的可能性は全くない。

(3) 被疑者が罪証隠滅を図らないことを誓約していること

被疑者は，今後，罪証隠滅をしない旨誓約しており，罪証隠滅を疑う相当の理由はない。

(4) 被疑者の態度

被疑者は，犯行当時の記憶はないが，反省の弁を述べている。このような被疑者の態度からすれば，被疑者が被害者に対して威迫等を用いてその供述を変えさせることはありえない。

(5) 被疑者は，一人親方として建築業に従事しているところ，月　日から○○での現場仕事が入っていた。今後も，その現場仕事を継続することを計画している。今後，被疑者が釈放されなければ，生活が成り立たなくなってしまう。万が一，被疑者が罪証隠滅を図ることを企図して重い処罰をなされることになった場合，これまで一人親方として積み上げてきた信頼と実績はなくなり，職を失う可能性がある。被疑者が罪証隠滅をすることは考えられない。

(6) 前科前歴に鑑みると罪証隠滅を図る動機はないこと

被疑者には前科はなく（少年時の不処分歴が1件ある。），本件によりなされる処分はせいぜい不起訴処分かあるいは罰金に

すぎない。被疑者に罪証隠滅を図る動機はないし，罪証隠滅の現実的可能性はほぼない。

(7) 監督者の存在

　　被疑者の両親が，今後厳しく監督する旨を述べている。これらの身柄引受人の監督能力に問題は見られない。家族のためにも，被疑者が罪証隠滅を図ることなど考えられない。

(8) 被害者と接触不可能であること

　　被疑者は，事件当時泥酔しており，かみついた警察官や，暴行を加えた警察官，現場に臨場していた警察官が誰か全く覚えていない。人相風体はもちろん，連絡先や氏名も覚えていない。警察官がどの部署（本署か交番か，本署に勤務しているとしてどの部署か）に勤務しているのかも不明である。そのような状況で，罪証隠滅を図ることは現実的に考えて不可能である。

(9) 結論

　　以上のように，罪証隠滅を疑う相当な理由はないのであって，本件は刑訴法60条1項2号に該当しない。

4　逃亡を疑う相当な理由はない（同法60条1項3号）

(1) 被疑者には住居があり同所で生活している。

　　被疑者が頼ることができるのは，被疑者の自宅しかない。被疑者には，家族を裏切り，且つ，職を放棄して被疑者が逃亡することはありえない。

(2) 被疑者には前科はなく（前述のように，前歴は，少年時の不処分歴1件のみしかない。），本件で被疑者が起訴されたとしてもせいぜい罰金とされる可能性が高い。被疑者が，罰金刑を回避するために，職や家族を捨てて逃亡する動機はなく，逃亡するおそれなど皆無である。

(3) 被疑者には逃亡を図る主観的な意図は全くない。

　　被疑者は，泥酔し，周囲に大変な迷惑をかけたことを反省している。被疑者には逃亡を図る主観的意図は全く見受けられない。

(4) 監督者の存在

　　被疑者には両親などの監督者がおり，被疑者が逃亡することなど考えられない。

被疑者が逃亡を図ることなど考えられない。

(5) 結論

　　以上述べたように，被疑者には，逃亡を図る現実的可能性がほぼなく，刑訴法60条1項3号に該当する事由はない。

第3　結論

　　被疑者について勾留されるべきではなく，速やかに，原裁判を取り消し，勾留請求は却下されるべきである。

以上

13　示談書

示　談　書

　　　　　　　　（以下「甲」という。），　　　　　　　　（以下「乙」という。）は，
令和　　年　　月　　日，　　　　　　　　　において，乙が甲宅に対し
住居侵入行為をなしたとして，乙が逮捕・勾留された事件（以下「本
件事件」という。）について，本日以下のとおり示談する。

1　乙は，本件事件について深く反省し，二度と甲及び甲の親族に方
　法の如何を問わず，接触を図らないことを誓約し，甲に対し心より
　謝罪する。
2　乙は，甲に対し，本件事件の損害賠償金として　　　　　　　　円
　の支払義務があることを認める。
3　甲は，前項の金員を，本日乙弁護人より受領した。
4　乙は，甲，甲の親族に対し，手段を問わず，一切の接触又は連絡
　を行わないことを誓約する。ただし，乙弁護人から甲に対する正当
　な理由に基づく連絡はこれを妨げない。
5　乙は，官公署からの問合せ等正当な理由がある場合を除いて，本
　件事件の存在及び内容並びに本示談書の内容を第三者に開示しな
　い。
6　甲は，本件に関する被害届を取り下げ，告訴を取り消すことを約
　束する。
7　乙は，別途甲に差し入れる誓約書の記載内容を遵守することを約
　束する。
8　乙は，甲を許すこととし，甲の寛大な処分を求める。
9　甲及び乙は，本件事件は以上にてすべて解決し，本示談書に定め
　た以外に何らの債権債務のないこと確認する。

　以上の示談成立の証として本示談書2通を作成し，甲，乙各1通を
所持するものとする。

令和　　年　　月　　日

（甲）　　　　住所＿＿＿＿＿＿＿＿＿＿＿＿＿＿＿＿＿＿＿＿＿＿＿

　　　　　　　氏名＿＿＿＿＿＿＿＿＿＿＿＿＿＿＿＿＿＿＿＿　印

（乙弁護人）　住所＿＿＿＿＿＿＿＿＿＿＿＿＿＿＿＿＿＿＿＿＿＿＿

　　　　　　　氏名＿＿＿＿＿＿＿＿＿＿＿＿＿＿＿＿＿＿＿＿　印

14 被害届取下げ書

被害届取下げ書

_____警察署　御中

　私は，被疑者_____に対する_____被疑事件の被害届を取り
下げます。

　　　　　　　　　　　　　　　　　　　令和　　年　　月　　日

住　所_____

氏　名_____印____

15　告訴取消し書

告訴取消し書

_____検察庁　御中

　私は，被疑者_____に対する_____被疑事件の告訴を取り消します。

令和　　年　　月　　日

住　所_____

氏　名_____印___

16　可視化申入書

検　察　官　殿
司法警察職員　殿

申　入　書

被疑罪名 ＿＿＿＿＿被疑事件
被　疑　者 ＿＿＿＿＿

　上記被疑者の今後の取調べについて，最高検察庁が 2008 年 5 月 1 日に発出した「検察における取調べの適正確保方策」に関する諸通達に基づき，その「全過程」をビデオ録画ないしテープ録音されるよう要求します。

　刑事訴訟規則第 198 条の 4 は，「検察官は，被告人又は被告人以外の者の供述に関し，その取調べの状況を立証しようとするときは，できる限り，取調べの状況を記録した書面その他の取調べ状況に関する資料を用いるなどして，迅速かつ的確な立証に努めなければならない。」と規定しています。同規則のいう立証のためには，取調べの全過程を録画・録音する方法による取調べの可視化がなされる必要があります。

　なお，取調べの部分的な録画・録音のみでは，供述調書の任意性の適正な検証はできません。なぜなら，録画・録音のない状態で違法・不当な取調べが行われ，その影響下にある被疑者被告人の自白が録音・録画される可能性があるからです。

　以上の次第であるため，本件にあっては，検察官において，取調べの全過程を録画・録音すること，検察官は司法警察職員に対し，取調べの全課程を録画・録音する旨を指揮すること，警察において取調べの全過程を録画・録音すること，をそれぞれ求める次第です。

　本件について，「全過程」の可視化を履践しないままに被疑者の真意と異なる供述調書が作成され，将来の公判で証拠請求されたときには，弁護人は，任意にされたものでない疑いがあると主張することとなります。予め御承知おき下さい。

　なお，令和　年　月　日に行われた司法警察員による被疑者の取調

べでは，捜査官が，執拗に自白を迫り，あるいは，自白した場合には処分が軽くなること，処分が早期になされることなどを示唆しつつ供述を迫ったことを把握しております。そのような不適切な取調べが今後なされることのないよう，抗議を致します。

令和　年　月　日
上記被疑者弁護人＿＿＿＿＿＿＿印

17 接見等禁止解除申請書（被疑者の家族・知人等）

令和　年（　）第　　号　　被疑事件
被疑者＿＿＿＿＿

接見等禁止解除申請書

令和　年　月　日

地方裁判所　刑事第　部　担当裁判官　殿

弁護人＿＿＿＿＿＿＿印
　　　　　　　（TEL：　　－　　　－　　，　　－　　　－　　）

　上記被疑者に対する＿＿＿被疑事件について，下記のとおり令和
年　月　日＿＿＿＿＿裁判所裁判官がなした接見禁止決定を解除するよ
う求める。

記

第1　申請の趣旨
　1　接見等禁止決定を取り消し，接見並びに信書，公刊物，衣類及
　び寝具の授受を禁止する部分を取り消す
　2　仮に全部解除が相当でないときは，接見等禁止の対象から下記
　の者との接見並びに信書，公刊物，衣類及び寝具の授受を禁止す
　る部分を取り消す
　3　仮に上記1ないし2が相当でないときは，令和　年　月　日か
　ら　月　日までの間のいずれかの日の任意の1時間に限って下記
　の者との接見並びに信書，公刊物，衣類及び寝具の授受を禁止す
　る部分を取り消す
　との裁判を求める。

記

氏　　名　　　　　A

生年月日

住　　所

職　　業

被疑者との関係

第2　申請の理由

1　接見等禁止の必要性がないこと

(1)　被疑者には罪証隠滅の意思がないこと

ア　本件は冤罪であること

本件は複数名の共犯者とともに被疑者が詐欺に関わって逮捕されたものである。しかしながら，被疑者は共犯者○○に命じられ，…をしたことはあったが，決して本件詐欺にはかかわっていなかった。

被疑者は，○○以外の人物とは深い面識はなく，連絡先も知らないし，共謀したとされる○○，○○らについては名前と顔すら一致しない人物である。

本件逮捕・勾留は，捜査機関が本件犯罪行為の中心人物の被疑事実を固めるために，少しでも関係のあったものを網羅的に調べるために請求されたものであり，極めて不当なものである。このような身体拘束に加えてさらに網羅的な接見禁止を付することは刑訴法80条・81条，憲法31条の趣旨に反することは明らかである。

イ　罪証隠滅の意思もないこと

被疑者は，勾留中の取調べにおいて上記のような自己の言い分をはっきりと主張している。被疑者には隠し立てする何ものもなく，正々堂々と無実を明らかにする決意であり，罪証隠滅の意思などない。

(2)　被疑者には罪証隠滅の余地がないこと

ア　被疑者は既に取調べを受けており，捜査機関には十分な証拠が収集されている。関係者も既に網羅的に逮捕され，残らず事情聴取されており，今さら自己に有利な証拠を作出することなど不可能な状況にある。

(3) 身体拘束に加えて接見禁止をする必要性がないこと

　ア　仮に現段階において罪証隠滅のおそれがあるとしても，かかる危険性の防止には身体拘束のみで十分である。

　イ　接見禁止が解除されても，一般人との接見には留置場職員が立会い，被疑事実に関する話題は厳しく制限されている。また文書については検閲が行われている。

　　　したがって，接見禁止を解除しても罪証隠滅のおそれが高まる事情は全くない。

2　家族と自由に接見する必要性は高い

(1) 冤罪によって身体拘束をされている被疑者には，十分な防御活動のできる環境が保障されなければならない。

　現状のままでは，弁護人接見の際に，家族との連絡等日常生活上の連絡もしなければならないばかりか，一般書籍や下着等の差入れも弁護人が行わなくてはならない状態である。弁護人と被疑事実についての打合せを十分に行うためにも，日常生活上の連絡については，弁護人と切り離し，家族との直接の接見を許すべきである。

(2) 仮に全部解除が相当でないとしても，○○との接見は解除すべきである

　添付の陳述書のとおり，○○は被疑者の仕事に何ら関与しているものではなく，本件自体はおろか本件の関係者とされる人間とも交流がなかったものであり，○○との接見により罪証隠滅が行われることは考えがたい。

以上

添付資料

1　陳述書（A作成）　　　　　　　　　　　　1通
2　身分証明書写し（Aの身分証）　　　　　　1通
3　上申書（被疑者作成）　　　　　　　　　　1通

18　接見等禁止決定一部解除申請書（被疑者差入れ用・発信用）[39]

令和　年（　）第　　号　　被疑事件
被疑者　＿＿＿＿＿＿＿

接見等禁止決定一部解除申請書
（発信用）

令和　　年　　月　　日

＿＿＿＿＿裁判所　刑事第　部　御中

被疑者

　上記被告人の頭書被疑事件について，被疑者は勾留され，刑訴法39条1項に規定する者以外との接見並びに書類及びその他の物（糧食，現金，公刊物，衣類，日用品及び寝具を除く。）の授受を禁止する旨の決定がなされているが，上記決定の一部解除を求める。

申請の趣旨

　令和　　年　　月　　日，東京地方裁判所のなした接見等禁止決定は，下記の者に対する別紙書面の発信に限り，これを一部解除するとの決定を求める。

記

住所
氏名
続柄

以上

---

[39] この申請書を複数通用意し、被疑者に差入れし、被疑者自らが令状部に信書についての接見禁止等一部解除請求をするようにすれば、弁護人の負担は大幅に軽減されるだけでなく、接見等禁止決定の濫用を抑止する効果が期待できます。

19 接見等禁止決定一部解除申請書（受信用）

令和　年（　）第　　号　　被疑事件
被疑者　＿＿＿＿＿＿

接見禁止決定一部解除申請書
（受信用）

　　　　　　　　　　　　　　　　　令和　　年　月　日

＿＿＿＿＿裁判所　刑事第　部　担当裁判官　殿

　　　　　　　　　　　　　　　弁護士＿＿＿＿＿＿印

　上記被疑者の頭書被疑事件について，被疑者は勾留され，刑訴法39
条1項に規定する者以外との接見並びに書類及びその他の物（糧食，
現金，公刊物，衣類，日用品及び寝具を除く。）の授受を禁止する旨
の決定がなされているが，上記決定の一部解除を求める。

申請の趣旨

　令和　　年　月　日，東京地方裁判所裁判官のなした接見等禁止決
定は，下記の者に対する別紙書面の受信に限り，これを一部解除する
との決定を求める。

記

住所
氏名
続柄

　　　　　　　　　　　　　　　　　　　　　　　　　　以上

添付書類

1　○○から被疑者に宛てた手紙　　　　　　　　　1通

20　準抗告申立書（接見等禁止決定に対する準抗告）

令和　年（　）第　　号　　被疑事件
被疑者　＿＿＿＿＿＿

準抗告申立書

令和　年　月　日

＿＿＿＿＿＿地方裁判所　御中

弁護人＿＿＿＿＿＿＿印

（TEL：　　－　　　－　　　，　　－　　　－　　　）

　上記被疑者に対する　　　　　被疑事件について，下記のとおり令和
年　月　日＿＿＿＿裁判所裁判官がなした接見禁止決定に対し，下記の
とおり準抗告を申し立てる。

記

第1　申立ての趣旨
　1　原裁判を取り消す
　2　本件接見等禁止請求を却下する
　　との裁判を求め，予備的に
　1　原裁判のうち，下記の者との接見及び信書，公刊物，衣類及び
　　寝具の授受の授受を禁止する部分を取り消す
　　との裁判を求める。

記

氏　　　名	A
生年月日	＿＿＿＿＿＿
住　　　所	＿＿＿＿＿＿
職　　　業	＿＿＿＿＿＿
被疑者との関係	＿＿＿＿＿＿

第2　申立の理由

1 接見等禁止の必要性がないこと
 (1) 被疑者には罪証隠滅の意思がない（主観的可能性がない）こと
 (2) 被疑者には罪証隠滅の余地がない（客観的可能性がない）こと
 (3) 身体拘束に加えて接見禁止をする必要性がないこと
2 家族と自由に接見する必要性が高いこと

以上

添付資料

1 陳述書（A作成）　　　　　　　　　　　　　　1通
2 身分証明書写し（Aの身分証）　　　　　　　1通
3 上申書（被疑者作成）　　　　　　　　　　　1通

21　証拠保全請求書

令和　年（　）第　　号　　被疑事件
被疑者　＿＿＿＿＿＿

証拠保全請求書

令和　年　月　日

＿＿＿＿＿＿裁判所刑事第　部　御中

弁護士＿＿＿＿＿＿＿　印

　上記被疑者の頭書被疑事件について，下記のとおり証拠保全を請求する。

第1　事件の概要
　　…

第2　証明すべき事実
　　…

第3　証拠及び保全の必要性
　1　被疑者＿＿＿＿の身体の検証の必要性
　　…

　2　被疑者＿＿＿＿が怪我を負った現場の検証の必要性
　　…

　3　被疑者＿＿＿＿の応対にあたった警察官に対する尋問
　　…

第4　証拠保全を求める理由
　　…

以上

添付書類

1　○○から被疑者に宛てた手紙　　　　　　　　　　1通

●参考文献

・「Q & A 類型別刑事弁護の実務」三木詳史編著（新日本法規出版、2007）

・「Q & A 実例警察官の職務執行」堀内尚著（立花書房、2006）

・「Q & A 実例証拠収集の実際」北岡克哉著（立花書房、2005）

・「Q & A 実例捜索・差押えの実際」伊丹俊彦編著（立花書房、2007）

・「刑事弁護」大出良知ほか編著（日本評論社、1993）

・「刑事弁護実務」司法研修所編（日本弁護士連合会、2006）

・「刑事弁護実務提要」山中孝茂著（判例タイムズ社、1995）

・「刑事弁護の技術　上・下」竹澤哲夫ほか編集代表（第一法規、1994）

・「刑事弁護の技術と倫理－刑事弁護の心・技・体」佐藤博史著（有斐閣、2007）

・「刑事弁護の手続と技法〔改訂版〕」庭山英雄・山口治夫編（青林書院、2006）

・「実務刑事弁護」北山六郎監修／丹治初彦ほか編（三省堂、1991）

・「ハンドブック刑事弁護」武井康年・森下弘編著（現代人文社、2005）

・「季刊刑事弁護増刊　刑事弁護ビギナーズ」（現代人文社、2007）

・「公判前整理手続を活かす Part2（実践編）」（GENJIN 刑事弁護シリーズ 7）日本弁護士連合会裁判員制度実施本部編（現代人文社、2007）

・「勾留準抗告に取り組む　99 事例からみる傾向と対策」（GENJIN 刑事弁護シリーズ 22）愛知県弁護士会刑事弁護委員会編（現代人文社、2017）

・「先を見通す捜査弁護術」服部啓一郎ほか編著（第一法規、2018）

・「シリーズ捜査実務全書　第 1～15 巻」藤永幸治編集代表（東京法令出版、1994～1995）

・「新捜査書類全集　第 1～4 巻」（立花書房、2002～2006）

・「新版　捜査弁護の実務－逮捕から保釈までの弁護マニュアル」大阪弁護士会編（大阪弁護士協同組合、1996）

・「接見・勾留・保釈・鑑定留置裁判例 33 選」大阪弁護士会刑事弁護委員会編（現代人文社、1999）

・「「捜査弁護」覚書」丹治初彦著（現代人文社、2005）

- 「逮捕・勾留・保釈と弁護―弁護マニュアルと決定事例集」日本弁護士連合会刑事弁護センター編（日本評論社、1996）
- 「令状基本問題上・下〔増補版〕」新関雅夫ほか著（判例時報社、2002）
- 「勾留請求の実務 101 問〔改訂版〕」三浦正晴・北岡克哉編著（立花書房、2002）
- 「実践刑事弁護　国選弁護編　三平弁護士奮闘記〔新版〕」東京弁護士会刑事弁護委員会編（現代人文社、2006）
- 「実践刑事弁護　当番弁護士編　ひとみ弁護士奮闘記〔新版〕」東京弁護士会刑事弁護委員会編（現代人文社、2006）
- 「真実例刑事訴訟法 1 ～ 3」平野龍一・松尾浩也編（青林書院、1998）
- 「新刑事手続 I ～ III」三井誠ほか編（悠々社、2002）
- 「証拠法大系 1 ～ 4」熊谷弘ほか編（日本評論社、1970）
- 「実務刑事法 I ～ IV〔改訂版〕」安西温著（警察時報社、2010 ～ 2014）
- 「外国人刑事弁護マニュアル〔改訂第 2 版〕」大木和弘ほか共著（現代人文社、2008）
- 「特集　外国人犯罪とその処遇」『国際人権 8 号』（信山社、1997）
- 「特集　外国人事件と刑事弁護」『季刊刑事弁護 4 号』（現代人文社、1995）
- 「特集　勾留を争う」『季刊刑事弁護 98 号』（現代人文社、2019）
- 「新版　外国人犯罪捜査－捜査書類記載例付」捜査実務研究会編著（立花書房、2003）
- 「捜査法大系 1 ～ 3」熊谷弘ほか編（日本評論社、1972 年）
- 「犯罪事実記載の実務　刑法犯〔5 訂版〕」末永秀夫ほか著（近代警察社、2008）
- 「犯罪事実記載の実務　特別法版 I ・ II〔3 訂版〕」荒川洋二ほか共著（近代警察社、2001）
- 「国際・外国人犯罪〔2 訂版〕〈シリーズ捜査実務全書⑮〉」藤永幸治編集代表（東京法令出版、2001）
- 「少年事件マニュアル手続編　全訂第 4 版」子供の権利と少年法に関す

る特別委員会編（東京弁護士会、2016）

・「季刊刑事弁護増刊　少年事件ビギナーズ」（現代人文社、2011）

・「少年事件実務マニュアル　より積極的な付添人活動のために〔改訂版〕」大阪弁護士会子供の権利委員会編（大阪弁護士協同組合、2009）

・「少年事件に取り組む－家裁調査官の現場から」藤原正範著（岩波書店、2006）

・「少年事件の実務と法理－実務「現代」刑事法」植村立郎著（判例タイムズ社、2010）

・「少年事件の処理に関する実務上の諸問題」司法研修所編（法曹会、1997）

・「少年事件付添人マニュアル－少年のパートナーとして〔第2版〕」福岡県弁護士会子供の権利委員会編（日本評論社、2009）

・「基本法コンメンタール」（日本評論社）

・「刑事訴訟規則逐条説明　第2編」法曹会編（法曹会、1989年・1993年）

・「条解刑事訴訟法〔第3版増補版〕」松尾浩也監修／松本時夫・土本武司編集代表（弘文堂、2006）

・「大コンメンタール」（青林書院、1998〜2006）

・「注釈刑事訴訟法」田宮裕著（有斐閣、2001）

・「注釈特別刑法第1〜8巻」伊藤螢樹ほか共著（青林書院、1982〜1994）

・「逐条解説刑事収容施設法〔改訂版〕」林眞琴ほか共著（有斐閣、2013）

・「第14回国選シンポジウム基調報告書」日本弁護士連合会第14回国選シンポジウム委員会編（日本弁護士連合会、2017）

・「接見交通権マニュアル第20版」日本弁護士連合会・接見交通権確立実行委員会編（日本弁護士連合会、2019）

・「接見交通権の理論と実務」葛野尋之、石田倫識編著（現代人文社、2018）

●著者略歴

井上　侑（いのうえ　たすく）

2006 年　慶應義塾大学法学部法律学科卒業

2008 年　上智大学法科大学院卒業

2009 年　弁護士登録（東京弁護士会）

2011 年　世田谷綜合法律事務所開設

2019 年　身元保証ドットコム取締役就任

日本弁護士連合会接見交通権確立実行委員会委員、日本弁護士連合会国際人権条約（自由権・拷問等禁止・強制失踪・人種差別撤廃）に関するワーキンググループ委員、日本弁護士連合会刑事法制委員会委員

購入者特典！

本書第7章の書式（Microsoft Word）がダウンロードできます。

データのダウンロード・ご利用の方法

1．ソフトウェア要件

・Microsoft Word 2007 以降
・Internet Explorer 6.0 以降

　本書のデータは、日本法令ホームページ上からダウンロードしてご利用いただくものですので、インターネットに接続できる環境にあるパソコンが必要です。また、データファイルを開く際にはMicrosoft Word がインストールされていることが前提となります。

2．使用承諾

　万一本書の各種データを使用することによって、何らかの損害やトラブルがパソコンおよび周辺機器、インストール済みのソフトウェアなどに生じた場合でも、著者および版元は一切の責任を負うものではありません。

　このことは、各種ファイルのダウンロードを選択した際のメッセージが表示されたときに「開く（O）」または「保存する（S）」を選択した時点で承諾したものとします。

3．使用方法

① 　日本法令のホームページ（https://www.horei.co.jp）にアクセスし、上部中央にある「商品情報（法令ガイド）」をクリックします。

② 　右下の「出版書」のコーナーの、「購入者特典：書籍コンテンツ付録データ」の文字をクリックします。

③ 　ご利用いただけるファイルの一覧が表示されますので、お使いのものを選んでファイルを開くか、またはデータを保存のうえご利用ください。また、データにはパスワードがかかっています。パスワードは **launam2010** です。

被疑者弁護マニュアル　　　　　　　　令和2年10月20日　初版発行

日本法令®

検印省略

著　　者	井　上　　　　侑
発 行 者	青　木　健　次
編 集 者	岩　倉　春　光
印 刷 所	日本ハイコム
製 本 所	国　　宝　　社

〒101-0032
東京都千代田区岩本町1丁目2番19号
https://www.horei.co.jp/

（営　業）　TEL　03-6858-6967　　Eメール　syuppan@horei.co.jp
（通　販）　TEL　03-6858-6966　　Eメール　book.order@horei.co.jp
（編　集）　FAX　03-6858-6957　　Eメール　tankoubon@horei.co.jp

（バーチャルショップ）　https://www.horei.co.jp/iec/
（お詫びと訂正）　　　　https://www.horei.co.jp/book/owabi.shtml
（書籍の追加情報）　　　https://www.horei.co.jp/book/osirasebook.shtml

※万一、本書の内容に誤記等が判明した場合には、上記「お詫びと訂正」に最新情報を掲載
　しております。ホームページに掲載されていない内容につきましては、FAXまたはE
　メールで編集までお問合せください。